COMMENT ÉLEVER ET DRESSER
UN ROTTWEILER

Valeria Rossi

COMMENT ÉLEVER ET DRESSER UN ROTTWEILER

ÉDITIONS DE VECCHI S.A.
52, rue Montmartre
75002 PARIS

AVERTISSEMENT
Cet ouvrage n'est qu'un guide destiné à la « découverte d'une race ». Pour élever un chien qui, s'il est mal dressé, peut devenir dangereux, il est toutefois nécessaire de connaître à fond son tempérament ainsi que les principes généraux de la psychologie et du comportement canins.
Nous conseillons à nos lecteurs d'approfondir au maximum leurs connaissances de ces sujets en consultant des ouvrages spécialisés et en demandant conseil à des personnes expérimentées et compétentes, pour mieux comprendre et gérer le caractère de leur animal d'une part et, d'autre part, en cas de problèmes spécifiques, pour obtenir les informations les plus complètes et à jour possible.
Nous vous conseillons vivement de ne pas autoriser les enfants à jouer avec les chiens sans la surveillance directe du maître de l'animal.

La plupart des chiens photographiés dans cet ouvrage ont été gracieusement mis à disposition par l'élevage Bernardelli de Guastalla en Italie.

Merci à Anne Marie Quatrini pour les exercices d'obéissance effectués avec son chien Jock (dressé par Marc Iori).

Les « conseils du vétérinaire » ont été rédigés par le docteur Florence Desachy.

Traduit de l'italien par Céline Vielfaure

Couverture : création graphique de Design 3

Photographies de Marco Leonardi (sauf indications contraires)

Imprimé en Espagne

Sommaire

Introduction

« Mordu par son Rottweiler. »

« Adolescent déchiqueté par un couple de Rottweilers. »

Il vous est peut-être arrivé, à vous aussi, de voir ce genre de titre faire la une de la presse régionale. Ces malheureux faits divers ont défrayé la chronique au point qu'aujourd'hui une grande partie de la population n'hésite plus à qualifier cette race de « race meurtrière », « qu'il faudrait éliminer de la face du monde » n'hésitent pas à affirmer d'autres personnes.

Il n'est pas facile, vous l'aurez compris, d'aborder ce sujet en toute tranquillité et objectivité. L'impact émotionnel est encore vif, surtout quand les victimes sont des enfants. Même le cynophile le plus acharné ne peut faire abstraction de ce genre d'incidents dramatiques.

Il faut néanmoins faire la part des choses et admettre que certaines idées fausses proviennent souvent de raccourcis stupéfiants dans la manière dont certains journaux relatent les faits, procédé détestable bien que couramment pratiqué et que j'assimile à l'erreur journalistique, quand il ne s'agit pas carrément de mauvaise foi. Étant moi-même journaliste, je n'ai aucun *a priori* vis-à-vis de la profession mais suis forcée d'admettre qu'au sujet des chiens, la presse a souvent tendance à en rajouter et à verser un peu trop facilement dans le sensationnel. Tout cela, hélas, au détriment de la vérité. Je suis particulièrement bien placée pour le savoir car j'ai personnellement enquêté afin de rétablir la vérité sur de nombreuses « histoires de chiens ». Je me bornerai ici à en relater deux, décrites dans la presse sous les gros titres cités plus haut.

Dans le premier cas, le « Rottweiler » en question était en fait un métis, un vague molosse au pelage noir. Il ressemblait à un Rottweiler à peu près autant qu'un Danois ressemble à un Pointer, mais le journaliste chargé du reportage ne s'était pas embarrassé de ce genre de considération et, plutôt que d'écrire que le chien était un métis, il préféra sans doute l'appeler Rottweiler.

Mais l'histoire ne s'arrête pas là. Le pauvre chien avait passé sa vie entière au bout d'une chaîne, et plutôt courte, à l'arrière d'un entrepôt dont il devait monter la garde. Il était alimenté régulièrement (il était même un peu grassouillet. S'il avait été encore plus gros, le journaliste l'aurait probablement pris pour un Dobermann et cette anecdote aurait fini dans un autre livre...). Les deux repas qu'il recevait par jour étaient d'ailleurs les seules et uniques occasions qu'il avait de rencontrer des êtres humains, ou plutôt *un* seul être humain en la personne du gardien de l'entrepôt. Le propriétaire, lui, bien qu'étant le maître du chien, admit sans peine qu'il n'avait strictement aucun rapport avec l'animal et ne l'avait même jamais emmené chez lui. Il avait eu soin de tenir ses enfants à l'écart du chien, et ce dernier n'avait ainsi jamais eu aucun contact avec eux. Mais voilà qu'un jour, l'un des enfants, âgé de sept ans, vint rendre visite à son père au bureau. Comme il s'ennuyait, il alla se promener autour de l'entrepôt et pénétra dans le rayon de garde du soi-disant Rottweiler qui, voyant un intrus, cru bon de défendre son territoire. Résultat : un enfant à l'hôpital et les journaux titrant « un Rottweiler mord son maître » ! Inutile de préciser ici à quel point l'appellation de « maître » paraît fantaisiste quand elle désigne un enfant de sept ans *que le chien voyait pour la première fois...*

Dans le second cas, celui de « l'adolescent déchiqueté par un couple de Rottweilers », les chiens étaient effectivement de race. L'article (mais *pas* le titre) précisait que le « pauvre garçon » était un Tzigane entré par effraction dans l'enceinte d'une propriété gardée par deux chiens. Le journaliste allait même jusqu'à supposer que les intentions du garçon (qui avait escaladé le mur d'enceinte pour entrer et qui était armé d'un couteau) n'étaient pas exactement celles de faire une visite de courtoisie aux propriétaires de la maison, vu l'heure (3 heures du matin) à laquelle se déroulèrent les faits. Ici, je voudrais juste suggérer un autre titre pour l'article : « Deux chiens de garde tuent un cambrioleur ». C'est moins tape-à-l'œil, certes, mais c'est plus juste. N'allez pas croire pour autant que je considère la mort d'un homme, voleur ou non, comme peu importante ou que je veuille volontairement omettre les agressions, réelles, de Rottweilers sur des personnes. Mais dans ces derniers cas, il y a toujours, à la base, une erreur humaine.

Comme je l'expliquerai, il n'existe pas de « race tueuse » ou encore d'« armes fatales à quatre pattes » comme certains les appellent. Certains chiens sont simplement plus ou moins agressifs, combatifs et réactifs.

Un revolver rangé dans un coffret ne fera de mal à personne ; il ne pourra devenir dangereux que dans les mains de l'homme, et encore, en faisant certaines distinctions. Si c'est un officier de police qui porte l'arme, il y a peu de chances pour qu'un accident

arrive, à moins qu'il ne soit contraint à utiliser son revolver en état de légitime défense ou pour protéger la vie d'autres personnes. Si l'arme est entre les mains d'un criminel, celui-ci s'en servira peut-être pour menacer, voire frapper, un innocent. Si c'est un fou qui porte l'arme, alors de tragiques accidents pourront survenir. Enfin, si l'arme arrive entre les mains d'un enfant qui ne connaît pas l'objet et ne sait pas ce qui arrive lorsque l'on presse sur la gâchette, alors le pire peut aussi arriver.

Le cas du chien agressif (comme le Rottweiler) est un peu similaire à celui du revolver, avec toutefois une différence de taille.

Les points communs sont liés au fait que la « dangerosité » du chien est directement proportionnelle aux intentions, et surtout à l'expérience de celui qui le tient en laisse. En effet, le cas du maître expert est à rapprocher de celui du policier de l'exemple ci-dessus, doté d'une personnalité solide, connaissant bien la psychologie canine en général et celle du Rottweiler en particulier, dresseur compétent et parfaitement à même de contrôler son chien. Et puis il y a aussi le criminel, ou plus simplement le voyou, qui utilise son chien pour faire la guerre contre la bande rivale, pour voler les passants ou encore pour gagner de l'argent dans des combats contre d'autres pauvres bêtes. Ce genre de maître est malheureusement plus répandu qu'on ne pourrait le croire, même si la plupart d'entre eux vivent en marge de la société. À ce propos, je trouve la justice un peu laxiste à l'égard de ceux qui organisent ces sordides combats.

Et puis, on rencontre aussi le fou qui, par exemple, excitera à plaisir son chien contre les chats ou d'autres chiens plus petits sans se rendre compte (ou alors s'en fichant éperdument) qu'aux yeux d'un chien, il n'y a aucune différence entre un chat qui s'enfuit et un enfant de trois ans qui court.

Enfin, nous avons le cas de l'enfant inconscient du danger potentiel que représente l'animal qu'il tient en laisse. Et le monde est rempli d'enfants de 7 à 77 ans auxquels personne n'a jamais enseigné qu'un Rottweiler n'est pas comme un Épagneul, qu'il faut l'élever d'une certaine manière, qu'il est bon de l'éduquer et de le dresser pour en faire un compagnon fiable et non un danger public.

Dans ce cas également, les « enfants » représentent le risque majeur justement parce que, ni fous ni criminels, ils sont souvent animés des meilleures intentions du monde. Ce sont des ignorants – et ce terme n'a rien de péjoratif, il signifie juste très exactement un état de fait courant : celui de ne pas savoir. En effet, ces gens-là *ignorent* qu'un chien de défense mal contrôlé peut devenir un danger, tout comme ils *ignorent* les méthodes pour bien le contrôler.

À ce point, fort heureusement, se joue la différence notoire qui existe entre un chien et un revolver. Un enfant avec un revolver chargé entre les mains créera un drame neuf fois sur dix. Un Rottweiler entre les mains d'un enfant, en revanche, créera un drame une fois sur dix. Pourquoi ? Tout simplement parce qu'un revolver ne raisonne pas mais un chien si. Et comme le Rottweiler est un chien plutôt bon, loyal et équilibré, les cas où il devient dangereux se comptent sur les doigts d'une main, car c'est bien souvent lui qui remédie aux erreurs, même les plus grossières, de son maître incompétent.

En définitive, il n'existe pas de chien meurtrier mais seulement des maîtres inadaptés. Et ce sont bien souvent les chiens qui font preuve, à leur place, de sensibilité, d'intelligence et de conscience.

De tout ce que l'on a pu entendre et lire autour de ce débat sur les prétendues agressions de chiens, une seule idée sensée émerge : celle de créer un permis pour les possesseurs de races déterminées. Mais cette idée, malheureusement, n'eut jamais aucune suite.

Je suis personnellement très favorable au « permis » de conduire un chien. Ainsi, seules les personnes ayant des notions de base de psychologie canine, d'éthologie, de dressage, etc., auraient le droit de posséder un tel chien ; et je ne parle pas uniquement du Rottweiler mais de n'importe quel autre chien. Cela permettrait d'éliminer du nombre des propriétaires de chiens tous ces « enfants » ou ignorants et, par conséquent, d'éviter de regrettables accidents tout en réduisant le nombre de chiens malheureux.

Tout cela n'est hélas qu'une utopie. Après tout, existe-t-il un « permis » qui garantirait de « bons parents », capables d'élever et d'éduquer leurs enfants ?

C'est avec joie que je m'adonne à cette tâche qui m'a été confiée par les Éditions De Vecchi, à savoir d'écrire des ouvrages sur le dressage de chiens de races dites « à risques ». Je vois ce travail comme une occasion unique de pouvoir transmettre mon expérience à des lecteurs qui ignorent encore tout ou presque du chien.

Même si la lecture de ce livre ne saurait vous délivrer un quelconque « permis », j'ose espérer qu'elle vous aidera à mieux connaître et contrôler votre Rottweiler. Car cette race, loin d'être « meurtrière », compte des spécimens parmi les plus équilibrés de toute l'espèce canine, dotés d'une grande intelligence et capables de douceur. C'est pourquoi ils méritent avant toute chose des maîtres intelligents et responsables.

DÉCOUVRIR ET CONNAÎTRE SON CHIEN

« Bon chien », « mauvais chien »

Qu'est-ce que le caractère d'un chien ? Pour le chien comme pour l'homme, ce terme regroupe deux significations.

La première désigne l'ensemble des données psychiques d'un chien (courage, trempe, aptitudes à mordre, curiosité, etc.). Un sujet possédant toutes ces caractéristiques fortement affirmées est un chien de « grand caractère » tandis que celui qui n'en fait preuve d'aucune ou de très peu sera considéré comme ayant peu de caractère.

La seconde signification se rapproche plus, tout en s'en éloignant par certains côtés, de ce que l'on désigne par « bon caractère » ou « mauvais caractère » chez l'être humain. Proche de la signification humaine car, d'ordinaire, quand on parle de « bon caractère » chez une personne, on entend par là quelqu'un de sympathique, disponible et riche de valeurs morales. Dans le cas contraire, on dira à l'extrême qu'il s'agit d'une personne « caractérielle ».

Le cas du chien est toutefois assez différent. Si un chien de bon caractère est effectivement un chien sympathique, un chien au mauvais caractère, en revanche, *ne* peut être dépourvu de valeurs morales, puisqu'un chien *n'a pas de sens moral.* À la différence de l'homme, aucun chien ne peut être « méchant » car l'animal n'obéit pas à des lois éthiques. Le chien n'a que deux modèles de comportement : l'un qui lui est imposé par sa nature propre (le soi-disant « instinct ») et l'autre qui lui est imposé par l'homme.

Prenez un chien qui a tendance à mordre les personnes. Selon vous, d'où lui vient ce « mauvais caractère » ? Certainement pas de sa nature propre !

Des millénaires de domestication du chien n'ont en rien altéré sa psyché. Si, extérieurement, les chiens se sont diversifiés entre eux, au fond d'eux-mêmes ils demeurent tels qu'ils étaient il y a douze mille ans. Le cerveau du chien – du moins à la naissance – est exactement identique à celui du loup. C'est l'homme qui, ensuite, intervient et « envahit » sa croissance psychique en lui donnant à penser que nous aussi, bipèdes, sommes ses semblables, et lui enseigne à respecter et à suivre son « chef de meute » la queue basse.

Tous les chiens sont, par essence, bons. Seul l'homme – volontairement ou non – peut créer un chien « méchant »

Ce processus d'« invasion » s'appelle l'imprinting et nous en reparlerons plus tard. Pour l'instant, disons seulement qu'en l'absence d'imprinting, le chien ne se sent aucun lien avec l'homme. Il considère ce bipède comme un être aliéné et inconnu, de même qu'il considérera par exemple un tigre ou un éléphant. Ainsi le chien n'a-t-il aucun « instinct naturel » qui le pousserait à un comportement agressif envers l'homme, tout comme il

Dans la nature, l'instinct de défense chez le chien se manifeste d'abord par la fugue, et non par l'attaque

est dépourvu d'instinct naturel qui l'induirait à un comportement docile et affectueux. Ces pulsions naissent par l'intervention humaine en phase d'imprinting. En l'absence d'imprinting, le chien n'aurait qu'une réaction instinctive, celle d'autoprotection ou de fugue.

Le loup du *Petit Chaperon rouge*, comme vous le savez tous, du moins je l'espère, n'est qu'une mystification littéraire. Un vrai loup qui rencontrerait un inconnu dans les bois ne le mangerait pas mais se sauverait plutôt ! Et il en est ainsi du chien qui n'a jamais reçu l'*imprinting*.

Dans deux cas seulement, le loup (ou le chien sauvage) pourrait préférer l'attaque à la fuite. Le premier cas concerne la femelle protégeant sa portée, le second un sujet menacé et mis dans l'impossibilité de fuir. Dans la nature, il est extrêmement rare qu'un loup n'ait pas la possibilité de fuir. À l'intérieur d'un habitat, en revanche, un chien peut se sentir menacé et pris au piège.

Ce facteur est à prendre en compte lorsqu'on cite des chiens agressifs, mais de cela aussi, nous reparlerons plus en détail.

Tirons plutôt les deux conclusions logiques de ce que nous avons démontré plus haut : premièrement, le chien n'a pas de sens moral. Ensuite, le seul et unique instinct qu'il a envers l'homme étant celui de fuir afin de se protéger, on en déduit tout naturellement que les chiens agressifs ne sont pas des chiens « naturels » mais plutôt des bêtes qui manifestent un comportement précis que l'homme leur a inculqué.

Enfin, terminons pas ce dicton : *Derrière un chien qui mord, il y a toujours une erreur humaine.*

Nous verrons plus loin quelles sont ces erreurs et comment les éviter.

Quand il se sent menacé, et s'il ne dispose d'aucun moyen de fuir, le chien le plus doux au monde réagira de manière agressive

Caractéristiques psychiques du chien

Quelles sont les qualités qui, réunies, forment le « caractère » d'un chien ?

On en recense actuellement neuf principales : réactivité, trempe, agressivité, combativité, docilité, vigilance, curiosité, sociabilité et possessivité.

Le terme de qualité ici est toutefois impropre, car chacune de ces caractéristiques n'est en soi ni bonne ni mauvaise. C'est l'homme qui déclare ces caractéristiques utiles pour ses propres intérêts (dressage et utilisation du chien comme auxiliaire) et les désigne ainsi sous le nom de qualité. Pour le chien, ce sont là tout simplement des composantes de sa personnalité et il n'y voit aucune valeur. Elles sont tout simplement plus ou moins développées chez lui, au même titre qu'il peut avoir un pelage plus ou moins court ou la queue plus ou moins longue.

J'insiste sur la candeur et l'ingénuité canine, car il est important de comprendre que le chien n'a pas la conscience d'être bon ou méchant, courageux ou froussard. Le chien n'apprend à se sentir « un brave chien » ou un « vilain chien » qu'en fonction des réactions humaines que son comportement suscite.

Mais avant d'entrer dans le vif du sujet, analysons d'abord brièvement les qualités caractérielles citées plus haut.

Réactivité (ou tempérament)

Ce terme désigne la rapidité de réaction du chien aux stimuli externes, qu'ils soient positifs ou négatifs. Un chien de tempérament vif réagira avec promptitude à l'arrivée de son maître comme à l'agression d'un intrus.

Il importe peu ici de savoir comment il réagit, seule la rapidité de réaction est prise en compte. Plus elle est rapide et plus le chien est considéré comme réactif (et *vice versa*).

On remarque un chien très réactif à la promptitude avec laquelle il s'aperçoit du retour de son maître à la maison et à la vive joie qu'il manifeste en le voyant

Le chien n'a pas de sens moral, mais quand son maître le félicite, il se dit qu'il est un « très bon chien ». Si son maître le gronde, en revanche, il pense qu'il est un « méchant chien »

Trempe

La trempe mesure la capacité à supporter des stimuli externes désagréables ou douloureux.

Par exemple, vous marchez sur la patte d'un chien de faible trempe, celui-ci réagira par des pleurs et s'arrêtera de marcher ou se mettra à boiter plus longtemps que de raison. Celui de trempe dure ne fera aucun cas de cet incident, celui de trempe moyenne pourra émettre un bref aboiement mais reprendra bien vite la marche, joyeux et confiant. La trempe augmente avec l'âge du chien. Les chiots sont toujours de grands pleurnicheurs !

Agressivité

C'est la capacité du chien à réagir avec une impulsion de lutte à un stimulus qui représente une menace, contre lui-même, son territoire ou les personnes qu'il aime. L'agressivité est une qualité naturelle *qui est présente chez tous les chiens* dans une proportion plus ou moins importante selon les races. C'est plus la combativité qui importe, surtout pour les chiens de travail. L'agressivité n'est rien d'autre qu'une *impulsion* qui peut déboucher sur une lutte si le chien est combatif mais aussi sur une fuite si le sujet manque de combativité.

Quand l'agressivité apparaît chez le chien, celui-ci montre alors des signes corporels particuliers, par exemple son le poil se hérisse. Cette situation ne débouchera pas forcément sur un combat, car le chien a plusieurs options. Il peut engager la lutte mais il peut aussi se soumettre ou s'en aller

Un chien de trempe dure ne marquera jamais de réaction excessive si son maître lui marche sur la patte par inadvertance

Combativité

C'est la capacité à passer aux actes, c'est-à-dire à transformer l'agressivité en lutte physique.

Seule la combativité incite le chien à réagir par la lutte

Docilité

C'est la capacité du chien à accepter spontanément l'homme comme son supérieur hiérarchique, sans besoin de coercition. C'est, pratiquement, la capacité à aimer son maître, à *désirer* lui obéir, à apprendre de lui, à pouvoir compter sur lui.

On entend par docilité la capacité d'un chien à se soumettre à une personne-guide

Vigilance

C'est la faculté d'avertir (par la voix et/ou la mimique corporelle) chaque fois que s'approche un possible danger externe, dirigé contre lui ou contre son maître. La vigilance se manifeste toujours d'une manière plus marquée à l'intérieur du territoire où vit le chien, beaucoup moins à l'extérieur. Le dressage néanmoins peut réveiller la vigilance même en territoire neutre.

Un chien de garde signale toujours la présence d'un intrus dans son territoire

Curiosité

C'est l'intérêt pour le monde extérieur. Cette qualité est d'une importance extrême, car, sans curiosité, le chien devient un animal apathique et incapable d'apprendre.

La curiosité pousse le chien à apprendre toujours de nouvelles choses. Sans curiosité, l'intelligence du chien serait très limitée

Sociabilité

La sociabilité désigne le rapport du chien à l'homme par la capacité de l'animal à entretenir avec l'être humain un rapport simple et naturel. À ne pas confondre avec la socialisation qui, elle, désigne la période durant laquelle le chien va prendre sa place au sein de la meute (ou de la famille humaine dans laquelle il vit).

Possessivité

C'est le sentiment d'être « propriétaire » de quelque chose ou de quelqu'un. Cette qualité est importante, car le chien ne dé-

La possessivité du chien s'étend aux objets qui appartiennent à son maître. C'est ce qui fait de lui un bon gardien

La sociabilité est une donnée fondamentale pour n'importe quel chien, et encore plus pour le chien de travail

fendra ni son maître ni la maison s'il ne pense pas qu'ils sont « à lui ».

Qualités psychiques spécifiques du Rottweiler

Nous avons jusqu'à présent parlé du chien en général, mais ce qui nous intéresse avant tout dans cet ouvrage, c'est bien sûr le Rottweiler. Il est utile, cependant, de savoir que les qualités précédemment énumérées sont présentes chez tous les chiens sans exception. Le meilleur chien au monde possède une bonne dose d'agressivité et le plus féroce Pitbull a en lui un potentiel de docilité et de sociabilité. C'est avant tout à l'homme qu'il incombe de faire prendre une certaine direction à son chien.

La sélection a néanmoins joué sur la psyché des diverses races en renforçant certaines caractéristiques et en en amoindrissant d'autres. Le résultat est que chaque race, tout en ayant les mêmes qualités que les autres chiens, possède ces qualités dans des proportions différentes.

Un bon Rottweiler est doté des qualités suivantes :
- très grande réactivité ;
- trempe dure ;
- agressivité moyenne à élevée ;
- combativité élevée ;
- docilité moyenne à élevée ;
- vigilance très élevée ;
- curiosité très élevée ;
- sociabilité très élevée ;
- possessivité très élevée.

Ceci est le résultat d'une sélection opérée par l'homme dans le but d'obtenir un bon chien de défense. Les faits, quant à eux, font partie de l'histoire de la race.

Les origines du Rottweiler et son histoire

Je ne vais pas vous ennuyer en retraçant l'histoire du chien de la préhistoire à nos jours, mais il est tout de même important de récapituler brièvement les points forts de l'histoire du Rottweiler. Cela vous aidera certainement à mieux comprendre ce chien qui vous intéresse aujourd'hui.

Premier point : le Rottweiler est un molosse. Il descend donc de l'antique (et aujourd'hui éteinte) race des Mâtins tibétains qui furent utilisés, des millénaires durant, comme chiens de combat ou de guerre. Inutile de spécifier qu'un chien destiné à ce genre d'activité ne pouvait être un bon gros « toutou » que l'on embête sans qu'il réagisse.

Deuxième point : la sélection plus récente du Rottweiler fut opérée par des marchands de bestiaux allemands qui attendaient de leur chien principalement deux choses :
- qu'ils sachent conduire et surtout surveiller les bêtes pendant le trajet qui les menait aux marchés à bestiaux. Dans ces temps-là, bien évidemment, point de camion ni de transport ferroviaire, mais juste des marchands et leurs bêtes qui cheminaient sur les routes, et celles-ci n'étaient jamais très sûres. Entre les loups et les brigands, les mauvaises

rencontres étaient assez fréquentes ;
- qu'ils gardent l'argent récolté de la vente durant tout le trajet du retour.

Au retour, les loups n'étaient plus un problème, l'argent n'étant pas à proprement parler une convoitise à leurs yeux… Aux yeux des brigands, en revanche, les sommes d'argent transportées étaient une véritable aubaine ! Les marchands avaient alors trouvé une solution astucieuse : ils mettaient l'argent dans une bourse de cuir qu'ils attachaient au cou du chien. Certaines gravures du Moyen Âge montrent ce détail. Inutile de préciser que le chien était bien connu des brigands et assimilé par eux à une sorte de coffre-fort vivant absolument inviolable. Les éleveurs de l'époque eurent ainsi à cœur de rendre la race toujours plus agressive et menaçante. La population appelait ces chiens les *Metzgerhunde*, c'est-à-dire « chiens de boucher », mais le nom qui resta vient de la ville de Rottweil où eut lieu la sélection.

Notons que ce chien, s'il était menaçant et agressif envers les personnes malintentionnées, n'en était pas moins, déjà, un animal très équilibré, amical avec les enfants et d'une grande docilité envers son maître. Des écrits de l'époque en témoignent. En revanche, on *ne trouve pas* trace d'agressions infondées contre des adultes ou des enfants, pour preuve que ce problème est bel et bien propre à notre époque.

Ajoutons à cela qu'indubitablement la sélection n'a eu cesse, depuis, d'*améliorer* le caractère et la psyché du Rottweiler (ceux des vendeurs de bestiaux étaient *bien plus féroces* que ceux d'aujourd'hui). Ce qui prouve clairement que les « erreurs » à la base de regrettables incidents, des faits apparemment très nouveaux dans l'histoire du Rottweiler, sont des erreurs avant tout humaines ! Les Rottweilers du Moyen Âge avaient pour maîtres des hommes simples issus de basses couches sociales mais qui, tout grossiers et ignorants qu'ils fussent, n'en connaissaient pas moins parfaitement leur animal. Le Rottweiler étant aujourd'hui un chien à la mode, il peut malheureusement tomber entre les mains de n'importe qui, et c'est alors que les dégâts se produisent.

La supposée traversée du Mâtin tibétain

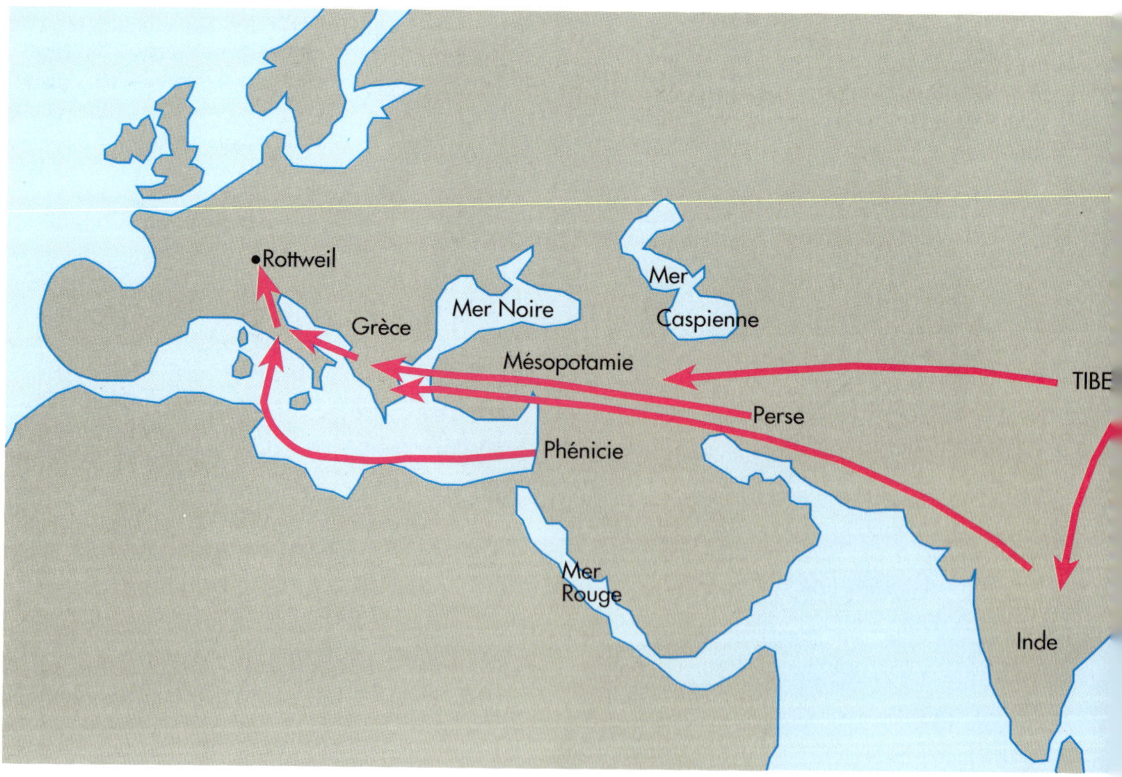

Agressivité et combativité au sein d'une même espèce et entre différentes espèces

Les comportements agressifs du chien varient en fonction de l'adversaire concerné. Si la lutte a lieu entre deux chiens, alors intervient un « arbitre » imparable, Mère Nature, qui veille à la conservation des espèces. De fait, les luttes intestines n'ont pas pour but de démembrer les meutes de loups ou de chiens, car, si tel était le cas, c'est l'avenir même de l'espèce qui s'en trouverait menacé. Ainsi l'agressivité et la combativité chez le chien sont-elles naturellement canalisées par une ritualisation du combat.

Je m'explique : gémissements, aboiements et menaces jouent un rôle précis dans la communauté canine (ou de loups), à savoir celui d'établir un ordre hiérarchique. De même que le loup, le chien est un animal social qui vit en meute. Or, dès qu'une structure sociale apparaît, il ne peut plus y avoir de place pour l'anarchie, et cela dans n'importe quelle forme de société que ce soit. Pour que tout fonctionne selon la notion de devoir, de la chasse à la défense de la meute, il faut des donneurs d'ordres et des subordonnés, des généraux et de simples soldats.

Au sein de la meute, les positions hiérarchiques ne s'établissent pas uniquement par la lutte. Celle-ci n'est que l'un des moyens utilisés pour définir les rôles. La lutte à mort n'aurait pour résultat que de priver la meute de certains sujets, et cela, Mère Na-

Les luttes entre membres d'une même espèce sont très ritualisées pour éviter que le sang ne coule inutilement. Quand l'un des deux adversaires se rend, le gagnant ne s'acharne jamais

ture ne le souhaite pas. Voilà le pourquoi de la ritualisation : gestes rituels et grandes « mises en scène » ne servent en fin de compte qu'à révéler le plus courageux, fort physiquement, constant et « charismatique ». Quant au plus faible, il ne sera pas supprimé mais soumis. Lorsque deux chiens luttent, le perdant n'est pratiquement jamais tué. Il suffit qu'il se rende par des gestes rituels (se jeter à terre, la panse à l'air, ou offrir sa gorge au vainqueur). Ces gestes brident immédiatement l'agressivité du plus fort qui abandonne toute attaque. Ainsi les victoires sont-elles surtout « morales ».

Supposons maintenant qu'à l'intérieur de la meute s'introduise un prédateur, un puma par exemple. Dans ce cas également il y aura lutte, mais lutte à mort cette fois-ci. Le prédateur, en effet, représente un danger pour la meute et il n'y a aucune place pour lui dans cette structure sociale. Mère Nature n'a rien à objecter à son élimination pure et simple du groupe ; c'est pourquoi ce genre d'incident arrive fréquemment (à moins que le prédateur n'arrive à sauver sa peau en prenant la fuite) sans que rien ne vienne freiner l'ardeur des chiens (ou des loups) au combat.

En résumé, les combats entre membres d'une même espèce ne sont pratiquement jamais des luttes à mort et s'apparentent plutôt à une forme de rituel. Quand deux espèces s'affrontent, en revanche, l'issue est bien souvent la mort de l'un des deux adversaires, et le combat ne revêt, alors, aucun caractère rituel.

Nous autres, les êtres humains, sommes-nous des congénères du chien ?

Toute personne sensée répondrait spontanément « non » à cette question. Il est bien évident que nous appartenons à une espèce différente.

Et pourtant, la bonne réponse est oui ! Ou plutôt, oui dans l'esprit du chien. En effet, l'imprinting a pour but précisément de convaincre le chien que... nous sommes des chiens, exactement comme lui ! Ou encore, du point de vue inverse, qu'il est un être humain comme nous. Dans les chapitres suivants, nous aborderons plus en détail les conséquences directes de ce processus sur l'animal. Voyons plutôt ce qu'est ce fameux imprinting.

L'imprinting

Vous avez peut-être entendu parler de l'éthologue Konrad Lorenz et de ses oies. Lorenz découvrit l'imprinting en se rendant compte que les poussins d'oies considéraient comme leur maman le premier animal (ou individu) qu'ils voyaient. Imaginez la truculente scène de notre éthologue suivi d'un cortège de petits poussins bombant le torse, tous persuadés de suivre leur maman et ne le quittant pas d'une semelle !

L'imprinting des poussins envers l'homme, pour absurde qu'il puisse sembler, n'en est pas moins irréver-

Chiens et hommes appartiennent à deux espèces bien distinctes... mais le chien ne doit pas le savoir !

Il est du devoir de l'éleveur de donner un bon imprinting à la portée

sible. Les oiseaux, en effet, sont des animaux à l'orientation avant tout visuelle. Ne pouvant s'observer eux-mêmes, ils croient ressembler à la première espèce qu'ils rencontrent en sortant de l'œuf et, par la suite, ne changent plus d'idée.

Le cas du chien est légèrement différent. Son orientation est avant tout olfactive et il est parfaitement capable de se flairer lui-même.

Cela nous amène aux conclusions suivantes.

• À travers l'imprinting, les chiots peuvent être convaincus d'appartenir à la même espèce que l'homme. L'imprinting sera alors d'ordre olfactif et (dans une moindre proportion) tactile. Si un être humain se poste devant une portée des heures durant, en se faisant simplement voir des petits, il ne se passera strictement rien. Si, en revanche, il se place au beau milieu du groupe, se faisant flairer, s'il caresse les chiots et joue avec eux, alors l'imprinting aura lieu. À noter également que la période d'imprinting chez le chien ne coïncide pas avec la naissance, mais se produit entre la troisième et la huitième semaine de vie. Tout cela est parfaitement logique, car les petits chiens, à la naissance, sont sourds et aveugles et ne peuvent avoir de rapport qu'avec la mère. L'identification de leur propre espèce, importante pour la sauvegarde même de l'espèce en question, n'a de sens que lorsque les petits commen-

Le chien étant un animal à l'orientation olfactive, il comprend que les autres chiens sont ses semblables même s'il ne les rencontre qu'après sa phase d'imprinting

cent à sortir de la tanière et peuvent se trouver en contact avec d'autres formes de vie.

• Les chiots « imprimés » par l'homme comprennent à la première rencontre avec un chien que cet animal est l'un des leurs, car c'est la même odeur qui émane de lui : ceci peut se produire aussi après la fin de la période naturelle de l'imprinting. Les chiots qui « ne sont pas imprimés » par l'homme au bon âge *ne le seront ensuite jamais plus*, car l'homme n'a pas l'odeur qui convient et ne peut être reconnu effectivement comme un semblable. Le résultat sera qu'un chien privé d'imprinting par l'homme verra ce dernier comme un total étranger qu'il pourra craindre, ignorer ou agresser, mais avec lequel aucun rapport de collaboration ou d'amitié ne sera jamais possible.

• L'imprinting par l'homme est un processus non naturel et ainsi assez complexe. Par exemple, les chiots qui *n'ont de contact qu'avec une seule personne* en phase d'imprinting peuvent avoir un imprinting erroné, réservé à cet unique être humain. L'imprinting exclusif peut être dangereux, car, par la suite, si les chiens concernés n'ont pas peur de l'homme, ils considéreront qu'ils n'ont qu'un seul et unique ami parmi l'espèce humaine, celui-là qu'ils ont flairé et touché durant leur petite enfance, et ne supporteront aucun contact avec d'autres. Résultat : si un être humain autre que leur seul et unique ami cherche à caresser l'un des chiens, l'animal ne fuira pas mais pourrait bien mordre la personne pour signifier qu'il ne veut pas être touché.

Conclusion : *L'absence d'imprinting ou, pire encore, un imprinting incomplet ou déviant (comme l'imprinting exclusif) peuvent avoir pour conséquence un chien qui mord.*

Un imprinting focalisé sur une seule personne est incomplet et peut occasionner de graves problèmes chez le chien

Les premiers rapports sociaux du chiot ont lieu en famille, avec sa maman et ses frères et sœurs

Socialisation, ordre hiérarchique et organisation de la meute

À la période d'imprinting, au sein de la meute ou de la famille, succède la période dite de « socialisation ». Dans la nature, le chiot commence à avoir des rapports précis d'abord en famille, avec ses parents, ses frères et sœurs, puis avec le reste de la meute.

Entre la huitième et la seizième semaine de vie environ, il apprendra ainsi :

- les relations avec ses semblables, ou, pour ainsi dire, les règles du « savoir-vivre » canin, plus complexes qu'on pourrait le croire et obéissant, comme nous l'avons déjà évoqué, à certains rites ;
- à reconnaître ses supérieurs hiérarchiques, et à adopter le juste comportement à leur égard. C'est ce que l'on appelle la phase d'organisation hiérarchique.

Dans une phase ultérieure, appelée « phase d'organisation

Les phases de socialisation et d'organisation hiérarchique ont lieu durant les tout premiers mois de vie du chien

de la meute », qui a lieu autour du cinquième mois, le chiot va découvrir sa position hiérarchique au-delà de sa simple famille, c'est-à-dire au sein de la meute. Il tentera d'améliorer cette position au fur et à mesure de sa croissance.

Ainsi, il faut le mettre en contact fréquemment avec d'autres chiens et personnes (rappelons toutefois que, pour lui, les uns et les autres sont des chiens) durant la période qui va de la huitième à la douzième semaine de vie.

Il faut à tout prix socialiser le chiot et lui faire rencontrer le plus de monde possible, animaux comme êtres humains, entre sa huitième et sa douzième semaine de vie

Souvent les propriétaires se demandent pourquoi leur chien est bagarreur avec d'autres, alors même qu'ils s'efforcent de multiplier les contacts afin de socialiser l'animal. Il s'agit le plus souvent d'une question de temps.

Si le chiot commence à rencontrer ses semblables à partir de l'âge de 5 mois, la période normale de socialisation étant terminée, les rapports seront difficiles. À l'inverse, un chien socialisé au bon moment n'aura aucun mal à nouer des amitiés avec ses semblables. Cela ne signifie pas pour autant qu'il ne se disputera jamais avec d'autres chiens, car certains facteurs (possessivité envers un objet, rivalité sexuelle, etc.) peuvent facilement déclencher des luttes entre n'importe quels chiens, socialisés ou non. À la différence que le chien socialisé, lui, ne se mettra jamais à aboyer et à tirer sur sa laisse en signe de menace au premier museau mâle ou femelle qu'il voit pointer à l'horizon.

Un chien socialisé ne se bagarrera jamais inutilement. Il lui arrivera de se disputer parfois avec d'autres chiens, mais toujours pour des motifs fondés

■ **LA SOCIALISATION DU CHIOT EST-ELLE COMPATIBLE AVEC UNE FUTURE FONCTION DE CHIEN DE GARDE OU DE DÉFENSE ?**

Certains propriétaires gardent leur chien à l'écart de toute rencontre humaine (et donc le socialisent mal), convaincus bien à tort que trop d'amitié entre leur chien et les hommes pourrait gâter le caractère de leur futur chien de défense. Quelle erreur !

Le chien de garde ne doit pas attaquer par peur même si un animal apeuré préférera toujours la fuite à l'attaque. Car un chien peureux ne pourrait être efficace comme gardien que s'il était mis dans l'impossibilité de fuir (comme c'est le cas pour les chiens enchaînés). Cela, assurément, limiterait son champ d'action. Le vrai chien de garde défend le territoire spontanément comme il le ferait dans son environnement naturel. Il ne doit pas penser que l'intrus est dangereux mais juste qu'il envahit son territoire. Il avertit l'intrus que ce dernier ferait mieux de ne pas s'approcher, ceci indépendamment du fait que l'intrus apparaisse comme étant amical ou agressif, sympathique ou antipathique.

Si l'intrus semble ignorer les avertissements du chien, celui-ci engagera la lutte. Même dans ce cas, le chien ne doit absolument pas être intimidé par l'adversaire (car sinon il fuirait). Ainsi le chien de garde doit-il parfaitement connaître les êtres humains et ne pas les craindre. C'est ce que l'on obtient en socialisant les chiens au maximum, leur faisant rencontrer le plus de monde possible.

Lutte hiérarchique en famille

Durant la période d'organisation de la meute, même en famille, le chiot essaiera naturellement de « monter en grade ».

Si le jeune Rottweiler se trouve entouré de personnes qui, à son égard, se comportent en véritables supérieurs hiérarchiques, il acceptera d'autant plus facilement sa position de subordonné. C'est en revanche lorsque le chien se sent entouré de personnes trop faibles et permissives ou qui ont peur de lui ou, pire encore, qui ne connaissent pas les « règles de la meute », que les problèmes arrivent. Dans ces cas-là, le Rottweiler, immanquablement doté d'un tempérament fort, fera son possible pour prendre le commandement de la meute-famille.

C'est tout chiot, déjà, qu'il fera ses premières tentatives, comme par exemple grogner et montrer des dents si l'on touche à son écuelle ou à son os, refuser de descendre du canapé ou divers comportements de ce genre. Si, à ce moment-là, le maître hésite ou montre de la peur, c'en est fini. Devenu adulte, le Rottweiler le mènera à la baguette.

Si les premières tentatives du chiot rencontrent de fermes et raisonnables refus, le chien acceptera alors la domination du maître. Cela ne l'empêchera pas, néanmoins, de réitérer plus tard ses tentatives, quand il sera âgé de 5 mois environ, l'âge auquel, normalement, les positions hiérarchiques commencent à se modifier au sein d'une meute.

Il est alors fondamental que le maître et sa famille aient bien en tête que leur chien en est à un stade comparable à celui de l'adolescence humaine. Leur animal est tout bonnement un « adolescent qui essaie de faire le malin » et non pas un chien féroce... encore moins un animal devenu fou !

Trop souvent, hélas, en face d'un jeune Rottweiler de 6 mois qui montre les crocs, les gens battent en retraite et renoncent à s'imposer. Cette attitude, en langage canin, *revient à accepter la domination du chien* et c'est la plus grave erreur qu'un maître puisse commettre envers son chien.

La période de l'« adolescence rebelle » est donc l'une des plus délicates, car elle détermine si le chien adulte sera un chien fiable ou un animal imprévisible. Quelle est la meilleure attitude à avoir durant cette période ? Déjà, en aucun cas, celle d'accepter la lutte physique. Dans un corps à corps entre un tel animal et un homme, c'est l'animal à coup sûr qui l'emporte !

Pour répondre correctement à une provocation, il suffit d'être ferme et décidé et de ne *jamais* montrer aucune peur.

Exemple pratique : votre chien gronde alors que vous tentez de le faire descendre du fauteuil. Ne reculez jamais devant lui mais avancez d'un pas en le fixant des yeux (c'est un geste de défi et de domination) et en lui ordonnant « descends ! », insistant jusqu'à ce que le chien ait cédé. Si le chien ne veut rien savoir, prenez-le par le collier et tirez-le à terre pour qu'il comprenne bien que c'est vous qui commandez.

Généralement, une voix ferme, un regard fixe et la posi-

Autour de cinq à six mois de vie, le chiot essaiera très certainement de prendre un rôle de « commandement » en famille

Il est important de ne pas se laisser intimider. Vous devez lui montrer que le chef, c'est vous et non pas lui !

tion de domination du maître suffisent à faire comprendre au chien qu'il ne peut se permettre certains comportements.

Il importe avant tout que le chien « sente » la fermeté du maître. Les sons stridents et les cris, voire les hurlements, font croire au chien que vous avez peur de lui (et c'est d'ailleurs souvent le cas). Les punitions physiques ne doivent intervenir qu'en cas extrême et rarissime. Une petite tape ferme sur le museau ou sur la croupe suffisent largement à établir « qui commande » dans cette meute-là.

Autre chose importante : à peine le chien a-t-il accepté la domination du maître, en lui obéissant ou en effectuant des gestes rituels de soumission (donner la patte, se jeter panse à l'air), que l'incident devra être considéré comme définitivement clos. Dans le monde canin, la rancœur n'existe pas, les chiens ne se « font pas la tête » et ne se punissent pas les uns les autres. Un épisode de rébellion à l'autorité se termine au moment précis où les rôles de chacun sont rétablis et acceptés. Se vexer face à un chien ne reviendrait qu'à le déconcerter en lui faisant croire que, tout compte fait, vous n'êtes psychologiquement pas aussi solide que cela… et l'animal aurait tôt fait de recommencer à la première occasion.

Conclusion : *Commettre des erreurs en phase de socialisation et d'organisation de la meute peut vous faire perdre le contrôle de votre Rottweiler.*

Au moment où le chien exécute un geste rituel de soumission, il ne faut plus intervenir avec des gestes ou des paroles

Le maître idéal d'un Rottweiler

Après tout ce que vous venez de lire sur le Rottweiler, vous devez vous rendre compte que ce chien n'est pas à mettre entre les mains de n'importe qui. Aucun chien, du reste, n'est à mettre entre les mains de n'importe qui ! Même les Caniches et les Yorkshire-Terriers, s'ils tombent entre de mauvaises mains, peuvent devenir hystériques, schizophrènes, absolument insupportables et se mettre à mordre à tort et à travers. Mais la différence, et elle est de taille, c'est qu'un chien de 3 ou 4 kg ne risque pas d'envoyer qui que ce soit à l'hôpital. Ce qui n'est, de toutes les façons, en rien une raison pour faire de son chien un animal malheureux et névrosé.

Ce chapitre pourrait aussi bien s'intituler « Le maître idéal » tout court. Bien des choses dites dans ces pages sont valables pour les propriétaires de n'importe quelle autre race de chien. Quelques passages, seulement, s'adressent plus particulièrement à ceux qui possèdent un grand chien au tempérament marqué et à l'agressivité importante.

Pourquoi vouloir un chien ?

Il existe de bonnes comme de mauvaises raisons de vouloir posséder un chien.

Les bonnes raisons sont le désir de compagnie et d'affection, l'amour des animaux en général et des chiens en particulier, le désir de s'impliquer dans une activité sportive où le chien aurait son rôle à jouer, le désir d'offrir à ses enfants un « gros nounours de frère » qui leur enseigne la responsabilité et l'amour des animaux, et ainsi de suite. Parmi tous ces motifs valables de vouloir spécifiquement un Rottweiler se trouve tout naturellement aussi le souhait de défendre sa propre personne, sa famille et son bien.

Les mauvaises raisons sont les suivantes :

• Vouloir un chien pour remplacer un enfant, gâter l'animal et le chouchouter comme un bébé. Ce genre d'attitude crée généralement des chiens surprotégés, névrosés, maladivement attachés à leur maître et prêts à mordre le premier qui s'en approche.

Un chien n'est pas un ersatz d'enfant et ne doit pas être traité comme un bébé ni comme un jouet. Un trop-plein d'amour, s'il se manifeste d'une façon erronée, peut faire du chien une bête qui mord

• Le coup de foudre pour un chiot aperçu dans une vitrine de magasin animalier. De telles décisions irréfléchies donnent lieu, surtout si le chiot appartient à une race « difficile », à des chiens à problèmes.

• Céder sous la pression des enfants qui « veulent un chien », comme on cède à un autre de leurs caprices, n'est pas non plus l'œuvre d'un choix responsable et pondéré. Un chien considéré comme un simple jouet, même s'il est reconnu comme un être vivant, peut causer de sérieux problèmes à ses maîtres ;

• Le désir d'un compagnon « fort » qui vous aide à surmonter vos inhibitions et frustrations. Cette motivation est souvent à l'origine de choix portés sur des chiens agressifs et imposants et, dans bien des cas, pousse le maître à solliciter encore plus l'agressivité du chien afin qu'il semble « le plus méchant possible ». Ce genre de rapport est à proscrire absolument, car il crée des chiens dangereux, pas seulement envers des êtres humains mais dans n'importe quelle occasion où l'instinct prédateur se réveille, contre des chats ou d'autres chiens. Les morsures d'enfants sont souvent l'œuvre de chiens que les maîtres ont encouragés (parfois dès le plus jeune âge) à attaquer d'autres animaux (voir chapitre « Le Rottweiler et les enfants »).

Et je ne cite pas la motivation la plus grave, la pire de toutes, celle de désirer un « chien tueur ». Ceux qui sont animés de telles envies, j'en suis bien sûre, n'achèteront jamais un livre comme celui-ci et, bien malheureusement, tout ce que l'on peut écrire ou dire pour tenter de les dissuader est généralement pure perte.

Cette attitude n'est autre que l'exacerbation criminelle du dernier point cité qui, lui, concerne des personnalités tout à fait normales, pas le moindre du monde « dérangées » ou cruelles.

Le « coup de foudre » est toujours risqué. Le choix d'un chiot doit être un acte pondéré et non pas le fruit d'une impulsion passagère

C'est en soi-même qu'il faut chercher la force et non pas au bout d'une laisse. Le chien ne doit jamais être un antidote aux frustrations humaines, même si, parfois, sa présence aide à se sentir plus « respecté »

Avoir envie d'un chien vengeur est assez légitime, surtout pour des jeunes qui subissent de constantes vexations de la part de camarades physiquement plus forts. On s'est récemment penché sur ce problème fréquemment rencontré dans les casernes militaires, mais, bien malheureusement, il n'y a pas qu'à l'armée que le plus « fort » humilie le plus « faible ». Les écoles regorgent d'exemples de ce type, ainsi que les groupements sportifs et, plus généralement, toutes les situations où les jeunes se retrouvent en groupe.

Le désir, du plus faible, de se montrer avec un Rottweiler en laisse est finalement assez compréhensible. Il est humain de réagir en se disant qu'avec un chien, on aura l'air plus fort et plus menaçant. Tout comme il est humain, de la part des parents, d'accéder à ce genre de souhait pour leur enfant. C'est presque plus qu'humain, oserais-je dire, c'est juste ! Car le chien peut aider grandement à dépasser certains problèmes psychologiques comme la timidité.

Mais il faut faire très attention : *pousser le chien à une agressivité excessive est une erreur énorme*. Une personne, qu'elle soit jeune ou non, qui jusqu'à présent n'a su tenir tête à ses semblables, n'aura certainement pas la force de tenir tête à un chien aussi dominant. Sans aucun doute le chien l'adorera et la défendra, mais il se rendra compte immédiatement qu'il a affaire à un maître psychologiquement faible. Dans ces cas-là, le chien peut échapper au contrôle de son maître parce qu'il ne le respecte pas assez. Et s'il a été rendu très agressif, il sera dangereux.

Conclusion : *Cherchez en vous les raisons profondes qui vous font désirer un Rottweiler. Si la réponse entre dans la catégorie des mauvaises raisons, il serait alors mieux de vous abstenir. Si vous voulez un chien qui vous sécurise, il n'y a aucun mal à cela, mais sachez que cette sécurité doit venir de son amour et de sa dévotion pour vous et non pas de son agressivité.*

Les qualités physiques du maître idéal

Vous avez bien lu, je parle ici des qualités physiques du maître ! Et, croyez moi, cela a toute son importance.

Le Rottweiler est un chien grand et puissant, et qui en fait l'acquisition doit au moins être capable de le tenir en laisse. Cela semble d'une évidence première, mais il est bon de le rappeler car, apparemment, tout le monde n'y pense pas. Un enfant de 10 ans, une personne âgée ou une femme très fluette risquent d'être « tirés » en avant par leur chien en laisse. Et ce genre de scène, outre qu'elle revêt un aspect comique, peut devenir dangereuse si le chien décide par exemple d'aller se battre avec un de ses congénères de l'autre côté de la rue. D'autre part, le Rottweiler est un chien très dominant qui se sentira d'autant plus encouragé à se jeter affectueusement sur son maître que celui-ci aura une structure physique menue.

Vous avez certainement remarqué ce qu'il se passe lorsque deux chiens se rencontrent pour la première fois. D'abord, leurs corps se raidissent, ils marchent les jambes tendues et leur poil se redresse. Le seul but de cette mimique est de les faire paraître plus gros.

Ce qui montre bien à quel point l'aspect physique a de l'importance pour les chiens entre eux. Ne vous laissez pas abuser par un Yorkshire qui s'égosille à aboyer contre un Danois. Ces chiens sont sélectionnés pour chasser des proies bien plus grosses qu'eux. Ils ont donc du courage à revendre et ne se laissent pas impressionner par les dimensions d'autres bêtes. Cela ne signific pas non plus qu'ils n'en sont pas conscients.

Pour le chien, la force physique n'est certes pas l'essentiel, mais c'est toutefois *l'une* des composantes de son respect envers un chef ou un rival potentiel. Un patron qui n'a rien d'un « Monsieur

Froid, de l'élevage Bernardelli (championnat italien de beauté, HDB, ZTP, SCH 1). Propriétaire : Loris Ferraroni

muscles » pourra toujours y remédier en faisant preuve de grandes qualités psychiques mais le côté physique n'en sera pas sous-évalué pour autant.

Les femmes et les enfants, pour se faire respecter de leur Rottweiler, pourront chercher à paraître plus robustes en accomplissant des gestes humains qui équivalent à « raidir le corps et redresser le poil ». La voix, elle aussi, a son importance. Une voix masculine forte et décidée a sur le chien bien plus d'effet qu'une voix féminine ou d'enfant. Certaines femmes dresseuses de chien prennent une grosse voix enrouée pour donner des ordres à des chiens plus dominants.

Pour avoir moi-même testé cette méthode, et plus d'une fois, je peux vous affirmer que l'effet est garanti !

Les qualités psychiques du maître idéal

Nous l'avons déjà dit, le maître idéal de *n'importe quel* chien est une personne extrêmement équilibrée, la moins nerveuse possible, ferme, décidée, jamais inutilement violente, toujours cohérente.

Condition *sine qua non* : le maître idéal doit aimer son chien et ne pas le considérer comme un « objet » utile. Mais il doit savoir aussi qu'il est indispensable de se faire respecter. Il serait bon qu'il connaisse au moins les bases de la psychologie canine et qu'il soit bien informé sur les méthodes modernes d'éducation et de dressage (mais il peut toujours s'informer et les apprendre après avoir acquis le chiot. Personne ne naît savant).

S'il a déjà eu d'autres chiens, en particulier au tempérament fort, il sera avantagé, c'est certain. S'il n'a jamais eu de chien auparavant, je l'invite fortement *à se renseigner*.

Quand on prend un Rottweiler comme premier chien, on ne peut y aller « au pif ». On ne le dira jamais assez : il faut être *responsable*.

L'acquisition d'un chiot est un acte fondamental (voir chapitre concerné). La meilleure personne au monde n'aura jamais un chien fiable si elle ne s'adresse pas à un élevage sérieux et pourra se retrouver, au final, avec un chiot ne possédant pas les qualités psychophysiques requises.

Les femmes, les enfants et les personnes âgées doivent se montrer plus fortes qu'elles ne sont, dans un sens même physique, pour dominer le Rottweiler. Il est parfois utile, pour cela, de prendre une « grosse voix »

Il est crucial de bien choisir son chiot : le maître idéal ne pourra jamais obtenir de bons résultats d'un chien privé de bonnes caractéristiques psychophysiques

QUAND LE MAÎTRE EST UNE FEMME

Le Rottweiler a une qualité terrible : c'est un être extrêmement sensible. Sans aucun doute, c'est une qualité et pas un défaut mais je la qualifie ici de « terrible » car le maître, parfois, peut influer sur son chien sans même s'en rendre compte.

Le Rottweiler, surtout quand il est jeune, est extrêmement impressionnable. Éduqué et dressé par une personne nerveuse, il deviendra nerveux. Éduqué par un être agressif envers le monde entier, et voilà notre chien devenu agressif lui aussi.

Mais ce n'est pas tout.

La simple humeur du maître peut influer sur le comportement du chien. Il suffit que le maître soit dans un de ses mauvais jours, qu'il ait la tête ailleurs ou qu'il ne s'approche pas du chien avec son habituelle sérénité... pour que le chien non seulement s'en aperçoive mais « capte » véritablement cet état d'humeur négatif et le fasse sien.

Cette sensibilité à l'extrême (que l'on retrouve encore plus présente chez le Doberman) est à la base de nombreuses réactions négatives de la part du Rottweiler. Parfois il aboie et montre les crocs contre une personne, non pas parce qu'il ne l'aime pas mais parce que son maître ne l'aime pas !

Seuls ceux qui connaissent bien cette race savent jusqu'où peut aller sa capacité à « photocopier » l'état d'âme du patron. Et c'est cela, en partie, qui me fait de plus en plus adhérer à une thèse qui peut, j'en conviens, sembler hasardeuse mais que j'oserai néanmoins avancer ici. Selon moi, le maître idéal d'un Rottweiler est une femme !

La femme, en effet, tend à être moins agressive et plus douce que l'homme, de même qu'elle se montre souvent plus habile à gérer le stress de la vie quotidienne. En outre, son instinct maternel naturel (qui existe, que la femme ait ou non des enfants) la rend plus patiente, plus intuitive et plus apte à anticiper. Il est quasiment impossible qu'un chien puisse changer d'humeur sans que sa patronne s'en aperçoive tandis que le patron masculin, parfois, peut mettre un certain temps avant de comprendre !

Évidemment, étant moi-même une femme, je peux vous sembler ici tout à fait partiale. Mais je puis vous assurer que je ne le suis pas, et le simple fait que les dresseuses sont de plus en plus nombreuses dans la profession et que leur niveau ne cesse de s'améliorer en atteste. Malheureusement, le monde de la cynophilie est encore bien trop masculin (pour ne pas dire machiste !) mais je crois que l'on ne peut nier que l'éducation d'un chiot a, tout compte fait, beaucoup à voir avec l'éducation d'un enfant. Et, dans ce domaine, la femme a plus d'une corde à son arc... Bien sûr, les compétences et qualités requises sont tout aussi importantes pour les femmes que pour les hommes et elles doivent en faire montre, tout comme leurs homologues masculins. Autrement, c'est le désastre assuré !

Rendons toutefois justice aux hommes, le revers de la médaille existe ! S'il est vrai que le sexe faible est représenté en proportion plus importante que le sexe fort parmi les maîtres dits « parfaits » de Rottweiler, il est vrai aussi que les maîtres trop permissifs sont bien souvent des femmes qui, dans certains cas, peuvent susciter chez le chien un attachement morbide et malsain, comme nous le verrons dans les chapitres suivants.

La femme dresseuse a plus d'une corde à son arc quand il s'agit de travailler avec un Rottweiler

Le Rottweiler et les enfants

Ce thème mérite amplement son chapitre ici, car la grande majorité des cas d'agressions canines concerne avant tout les enfants. Il y a plusieurs raisons à cela.

Tout d'abord, au-delà de la simple rhétorique, on dit souvent que rares sont les chiens à *aimer* véritablement les enfants en tant qu'« espèce ». Les chiens – *tous* – aiment, défendent et protègent seulement les enfants de leur propre famille, tandis qu'ils supportent à grand-peine les autres. C'est une des conséquences directes de l'imprinting. En effet, après l'imprinting, le chien voit l'enfant comme un chiot.

Quels sont donc les rapports entre adultes et chiots dans le monde naturel ? Très simplement, les mâles adultes respectent, défendent et protègent uniquement les chiots de leur propre meute. Et cela est ainsi parce que dans les meutes de loups, seuls les mâles dominants (et dans certains cas le chef de meute) peuvent couvrir les femelles. Il en découle qu'un mâle dominant rencontrant un chiot a de fortes probabilités de rencontrer un de ses propres fils et, s'il montrait de l'agressivité à son égard, cela reviendrait à tuer sa progéniture. Un petit chiot étant pratiquement sans défense contre un mâle adulte, ce mâle éprouvera beaucoup de réticence à l'attaquer dans sa propre meute.

Ces inhibitions, toutefois, n'ont plus lieu d'être et disparaissent alors totalement lorsque les chiots rencontrés sont étrangers à la meute. En effet, ceux-ci non seulement n'ont aucune chance d'être des « enfants du chef » mais ont de fortes chances, au contraire, d'être les enfants d'un potentiel « envahisseur », qui pourrait menacer le territoire de la meute.

Conclusion dramatique, mais parfaitement logique au regard des lois de la nature : le mâle dominant n'hésite pas à attaquer et à tuer ces « étrangers ». Dans le monde natu-

Le chien voit en l'enfant un chiot

Le mâle adulte a de fortes inhibitions par rapport à un chiot. Un chien équilibré ne sera jamais agressif avec les chiots

rel, ces situations sont peu fréquentes, car chaque meute vit dans son propre territoire et rares sont les intrusions. Mais l'exemple montre bien que le chien, s'il respecte instinctivement et naturellement ses chiots ou les enfants de la maison, ne se sent nullement tenu d'aimer et de respecter les autres enfants. S'il le fait (et il le fait bien souvent, du reste !), c'est uniquement parce qu'il est foncièrement bon et, dans une moindre mesure, parce que ses maîtres lui ont appris que la « chasse à l'enfant » était interdite !

Cela dit, bien des enfants ne connaissent pas les règles du savoir-vivre canin et peuvent, par leur comportement, énerver jusqu'au chien le plus pacifique du monde.

Exemple typique : les enfants ont tendance à regarder fixement le chien dans les yeux, et cela en raison du simple fait qu'ils sont tous deux à la même hauteur. Évidemment, pour l'enfant, regarder quelqu'un dans les yeux est souvent signe de franchise et de respect (« Regarde-moi dans les yeux quand je te parle ! » entend-il dire bien souvent...). Il en est, hélas, tout autrement pour le chien qui y voit, lui, un signe de défi et une invitation au combat.

Souvent bruyants, exagérés dans leurs gestes, les enfants fatiguent par leur comportement. Le chien ne peut malheureusement dire « ça suffit, tu me fatigues ! ». Son seul moyen d'avertir l'enfant est de gronder, et si cet avertisse-

Pour l'enfant, regarder droit dans les yeux est signe d'amitié et de franchise, mais pour le chien, c'est signe de défi

ment est ignoré, il peut alors effectivement se mettre à mordre, et encore, même en mordant, il se retiendra.

Au cours d'une enquête menée il y a quelques années, j'ai interrogé quelques parents d'enfants mordus par des Rottweilers et autres chiens de défense. En premier, j'ai bien sûr demandé à voir les cicatrices. Et là, surprise ! À l'exception d'un enfant qui, effectivement, montrait une cicatrice au bras, tous les autres que j'ai pu voir ne présentaient strictement aucune trace de morsure.

Je m'en suis sincèrement réjouie, bien sûr, tout en notant que, de toute évidence, il y avait eu confusion sur le terme d'agression. Une véritable *agression* par un Rottweiler laisse des marques, et pas des moindres ! Il était clair, dès lors, que les parents avaient exagéré en désignant l'accident sous le terme d'« agression ». En creusant un peu plus, je découvris que, dans six cas sur dix, il n'y avait même pas eu de morsure mais juste des grondements d'avertissement qui avaient terrorisé les parents.

Dans les quatre autres cas, il y avait eu bel et bien morsure mais j'ai supposé, vu l'absence de cicatrice, que ces morsures étaient de celles que l'on nomme « morsures de démonstration », ou l'équivalent canin d'une dispute humaine, et rien de plus.

Dans tous les cas, l'incident était arrivé alors que les enfants jouaient avec un chien qui n'était pas le leur, un chien qui était connu pour être gentil avec les enfants. Puisque ce chien était « gentil avec les enfants », aucun parent n'avait eu l'idée de surveiller leur enfant. Je demandai alors, à chacun d'eux : « D'accord, le chien était gentil. Mais l'enfant, comment était-il ? » et aucun ne sut me donner une réponse précise. L'un des enfants, cependant, me fit l'aveu suivant : « Il m'a mordu parce que je lui avais mordu l'oreille » !

C'est vrai, je suis une ardente cynophile, j'adore les chiens, mais je ne suis pas non plus une fanatique. Et je suis une mère surtout. J'ai moi aussi connu des frayeurs de mère et je sais pertinemment que certains états d'âme poussent les parents à dramatiser.

Mais il faut voir les choses telles qu'elles sont et il me semble totalement démesuré de qualifier une race déterminée de meurtrière sous le seul prétexte que quelques enfants se sont fait « semoncer » par des chiens, alors que les parents regardaient ailleurs !

Dans d'autres cas, malheureusement, les avertissements ont été réellement dramatiques. Ce sont des cas rarissimes mais quelques enfants ont été gravement blessés ou encore même tués. Sur quelques-uns de ces cas, comme je l'ai déjà dit auparavant, j'ai découvert en étudiant chaque dossier certains faits : dans l'un des cas, le chien dont il était question n'était pas un Rottweiler (même si le journaliste pensait que si). Dans d'autres cas, néanmoins, il est arrivé que de vrais Rottweilers commettent de véritables drames.

Si je n'ai jusqu'à présent cité que ces « prétendues » agressions, ce n'est pas par simple envie de nier le fait, ni pour sanctifier les chiens, mais parce que je souhaite que ce problème soit considéré avec un maximum d'objectivité et de justesse.

Il est malheureusement indéniable que trop d'enfants, encore, se comportent de manière absurde avec les chiens (mordre l'oreille d'un chien n'est pas vraiment un signe d'amitié !) ; mais ce n'est pas leur faute. Il faudrait, pour commencer, que tous les parents apprennent à leurs enfants que le chien n'est pas un jouet mais un être vivant, certes bon et doux, mais également sensible à la douleur et aux taquineries diverses, qu'il peut réagir aux provocations comme n'importe quel bipède, sauf qu'il a les dents plus longues et plus acérées !

Les parents doivent enseigner aux enfants l'amour et surtout le respect des chiens

Ce simple avertissement de la part des parents pourrait éviter, déjà, quelques cas d'agressivité voire de morsure. Mais ce n'est pas tout.

Outre des enfants mal élevés et taquins, les cas de morsure sont aussi dus à un réveil de l'instinct prédateur chez le chien. Cela, bien des parents l'ignorent et, pourtant, on retrouve cet état de fait à la base de quasiment tous les épisodes dramatiques qui impliquent des enfants.

Essayons ici d'éclaircir ce point.

Les dangers de l'instinct prédateur

Le chien naît prédateur tout comme son ancêtre, le loup. Même domestiqué, le chien reste un prédateur. Pour preuve : s'il ne reçoit pas de nourriture de l'homme, il cherchera alors à s'en procurer lui-même en chassant d'autres animaux.

L'instinct prédateur, chez le chien, est une pulsion qui, comme son nom l'indique, se déclenche automatiquement sans que le chien ait à « raisonner ». C'est ce qui le fait poursuivre, avec l'intention de capturer, mordre et tuer tout ce qui prend l'aspect typique et le comportement de la proie.

Si cet instinct atavique peut être amoindri chez certaines races, il ne disparaît cependant jamais totalement. Dans d'autres races, comme celles des chiens de chasse, il est au contraire décuplé. Chez les races de défense, ici le Rottweiler, l'instinct prédateur a été gardé en proportion importante, aidant à l'apprentissage du travail d'attaque. Le chiot exerce ses premières morsures sur un chiffon roulé en boule que l'on avance et retire devant son museau, en simulant les mouvements de fuite d'une proie.

N'oublions jamais que, pour le chien, est considéré comme « proie » tout ce qui fuit rapidement en émettant l'odeur de la peur (que le chien distingue parfaitement) et des sons aigus. La proie est d'autant plus appétissante qu'elle est petite, car l'instinct dicte au chien que plus l'animal est petit, plus facilement il peut être attrapé et moins il peut se défendre.

À l'image de « proie idéale » correspond ainsi, en tous points, le chat en fuite, l'animal de basse-cour et... l'enfant qui, effrayé par le chien, s'en va en criant et en pleurant.

Un tel stimulus peut inciter même un Chihuahua à poursuivre la « proie ». Mais quand c'est un Rottweiler qui s'y met, les dégâts peuvent être sérieux.

Première conclusion : *il est absolument indispensable* d'apprendre aux enfants à ne pas s'échapper et à ne jamais crier devant un chien, *mais* à rester calmes et fermes en attendant l'intervention d'un adulte.

Plus facile à dire qu'à faire, me direz-vous. Si les enfants cynophiles n'ont pas tant besoin que cela de conseils – car ils courront spontanément

Un enfant qui court en criant stimule l'instinct prédateur du chien qui sera alors incité à le suivre. La photo ci-dessus montre un simple jeu entre l'enfant et son chien

vers le chien quand ils le verront et non pas loin de lui –, ceux qui ont peur des chiens, en revanche, et surtout les tout-petits, se déplaceront instinctivement le plus loin possible de l'animal. Ils sentiront qu'ils doivent s'échapper, point final. Dans ce genre de situation, les conseils des parents sont bien vite oubliés, mais c'est pourtant dans ces moments-là, précisément, courts et décisifs, que la situation peut, d'un instant à l'autre, tourner au drame voire à la tragédie.

Conclusion numéro deux : *il est absolument indispensable* d'éviter toute phobie des chiens chez l'enfant.

Je voudrais maintenant revenir au point précédent, à l'exemple de l'enfant qui court vers le Rottweiler plutôt que de s'échapper au loin. Bien entendu, cette attitude est elle aussi risquée. En effet, le chien pourrait prendre pour une menace cet élan spontané d'affection. Fort heureusement, en pratique, il arrive bien souvent que cette dernière théorie soit contredite. J'ai en mémoire plusieurs anecdotes là-dessus, mais je me limiterai ici à n'en relater qu'une seule dont les deux protagonistes furent un Rottweiler et mon propre fils.

David a eu la chance de naître et grandir dans un élevage et, tout naturellement, il est très ami des chiens. Cela dit, il sait aussi « comment se comporter avec les chiens ». Mais, à 3 ans, il aimait les chiens, un point c'est tout. Il était bien trop jeune pour comprendre mes conseils et mises en garde. Pour lui, tous les chiens étaient des « frères poilus » et ensemble ils jouaient, s'amusaient à la

« lutte » et… partageaient les goûters. J'avais déjà, à l'époque du biberon, pris cette habitude de jouer avec lui à « un peu pour toi et un peu pour moi ». Évidemment, par la suite, toutes mes tentatives pour maintenir un minimum d'hygiène à la maison se heurtèrent à l'impossibilité pratique de garder un œil *en permanence* sur mon fils.

Rien à faire ! À peine avais-je le dos tourné qu'il se précipitait pour donner un morceau de brioche à un chien… ou pour lui chiper quelques croquettes de son écuelle, dans un parfait souci d'équité : « Je te donne ceci, tu me donnes cela .»

J'ai bien sûr essayé d'empêcher à tout prix ce genre d'échanges mais j'avoue que je n'y suis pas toujours parvenue. Et comme mon enfant n'avait jamais mal au ventre et que mes chiens étaient tous en parfaite santé, je confesse, à ma décharge, avoir un peu baissé la garde.

Bref, jusqu'à un beau jour, lors d'une exposition canine où, en panne de baby-sitter, je dus m'y rendre avec mon fils. Évidemment, amener avec soi un enfant de 3 ans présente toujours quelques problèmes, mais je réussis plutôt bien à me débrouiller et parvins à concilier la présence de l'enfant et le travail avec les chiens, jusqu'au moment où je dus me servir de mes deux mains et de mes deux yeux pour installer un chien sur la table de toilettage. Cinq secondes suffirent ; lorsque je me retournai, David n'était plus là ! Tout joyeux, il avait rejoint la cage d'un beau Rottweiler et, ravi, était en train de grignoter un biscuit pour chien. Car mon fils avait passé le bras à travers la cage, avait carrément ôté le biscuit de la gueule du chien, en avait pris un bout pour lui, et avait tranquillement remis le reste dans la gueule du Rottweiler, puis avait fait un gros câlin à son nouveau copain, comme il faisait toujours avec les Huskies quand ils jouaient ensemble à la dînette… Je m'approchai pour le retirer de là mais rencontrai quelques difficultés car le chien, lorsque je fus à un mètre de la cage, me montra quarante-deux belles dents bien acérées. Le propriétaire était là, blanc comme un linge, et réussit à peine à balbutier quelques mots : « Ne le touchez pas, il mord ! Mon Dieu… votre enfant… je ne l'ai pas vu… il est si petit… et puis le chien était en cage, je ne pouvais pas me douter… » Le pauvre était en train de se confondre en excuses avec l'air de réciter une oraison funèbre. Ce dont mon fils n'avait nullement besoin, est-il besoin de le préciser, car il était sain et sauf et ce chien au coup de dent facile ne l'avait pas même touché ! Il se laissa même chiper un deuxième bout de biscuit (pratiquement de dessous les canines) et David, tout content, tenta même de passer sa tête à l'intérieur de la cage.

Mais il n'y avait pas la place. Qu'à cela ne tienne ! David tira à lui la tête du chien, en l'attrapant par les joues, lui donna un gros bisou sur le nez et lui dit « au revoir, gros toutou ! », puis

s'en revint tranquillement vers moi. Et le chien dans tout cela ? Un ange !

Volé, embrassé contre son gré, tiré par les joues et mouillé de baisers… Ce chien ne montra qu'un seul signe d'hostilité : lorsque je tentai de m'approcher.

Morale de l'histoire : les enfants amicaux qui s'approchent spontanément des chiens, sans hésitation aucune, n'ont que très peu de risques de se faire mordre si le chien en face est un sujet équilibré, qu'il soit agressif ou non.

Cela dit, ce genre d'expérience n'est pas franchement conseillée pour les parents cardiaques… Et il faut tout de même freiner un peu dans leur ardeur ces enfants par trop expansifs envers les chiens. Mais ne jamais proférer de phrase du type « ne fais pas cela, il va te mordre ! » car le seul résultat serait que vous transformiez un cynophile enthousiaste en un enfant qui a peur des chiens.

L'enfant qui s'approche spontanément et sans hésitation du chien pour lui manifester son affection court moins de risques que celui qui s'échappe

Les enfants ayant une confiance aveugle dans les adultes (du moins jusqu'à ce qu'ils atteignent l'âge de raison), il s'en faut de peu pour briser leurs rapports avec les chiens.

Personnellement, j'ai résolu le « cas David » en lui expliquant qu'il ne doit pas sauter sur des chiens inconnus... car cela peut les effrayer. L'idée de causer le plus petit dommage psychologique à un chien l'a tellement ému qu'il n'a plus jamais, par la suite, volé le moindre biscuit à un chien qu'il ne connaissait pas (avec ses chiens, en revanche, il n'a jamais vraiment cessé et cela fait treize ans que ça dure, mais c'est encore un autre problème...).

Surmonter la peur des chiens

Revenons à nos enfants qui ont peur des chiens et voyons ce que l'on peut faire pour guérir cette peur. Souvent l'enfant hérite la peur de ses parents, soit parce que les parents eux-mêmes ont la phobie des chiens, soit parce qu'ils ont appris à leur enfant à se méfier des chiens.

Aux parents qui ont peur des chiens, je ne dirai qu'une chose : il est injuste de transmettre ses propres peurs à ses enfants. Un enfant ayant la phobie des chiens n'a pas un rapport sain avec la nature et cela dérange son caractère et son développement psychique. Il est scientifiquement prouvé que les enfants aimant les animaux ont également d'excellents rapports avec leurs semblables et avec les adultes. En outre, comme nous l'avons déjà amplement expliqué, les enfants qui s'enfuient pris de panique devant un chien sont ceux qui courent le plus grand risque d'être mordus.

Conseils pratiques pour les parents qui ont peur des chiens

• Tenter de trouver, d'abord en soi-même, puis chez l'enfant, la raison personnelle (par exemple un traumatisme infantile) et donc totalement subjective, à l'origine de cette peur. Sachez tout de même que 90 % des chiens, Rottweilers compris, sont totalement inoffensifs.

• Ne pas gronder l'enfant ou faire de mouvements brusques s'il s'approche spontanément d'un chien inconnu. Ces comportements peuvent faire croire au chien que l'enfant représente une menace.

• Ne jamais dire à l'enfant des phrases telles que « ne le touche pas, il va te mordre ! » (voir plus haut) ou « ne le touche pas, il est plein de puces ! ». Ces « mises en garde » non seulement incitent l'enfant à craindre les chiens mais ne correspondent pas à de réels dangers. Les puces, si puces il y a, préfèrent de loin rester sur le chien et passent rarement à l'homme, car le sang humain est moins appétissant. Quant au danger de morsure, on peut se rapporter à l'anecdote que je viens de citer. Rappelons enfin qu'un chien qui mord, tenu en laisse par son maître, aura très certainement une muselière. En l'absence de muselière, on peut être quasiment sûr d'avoir affaire à un chien tout ce qu'il y a de plus amical. Un chien en liberté, ou errant, aura, lui, toute possibilité de s'en aller s'il n'est pas sollicité par les attentions de l'enfant.

• Expliquer à l'enfant qu'il ne doit jamais courir et crier devant un chien, en lui donnant toutes les raisons que l'on veut mais en s'abstenant de lui parler du danger d'être mordu. On ne doit en parler qu'à un enfant de plus de 6 ans, qui sera en mesure de comprendre sans être traumatisé par la « peur du loup ».

Conseils pour les parents qui n'ont pas peur des chiens

• Ne jamais raconter au petit enfant des histoires de « grand méchant loup ». À celui qui est un peu plus grand, expliquer (avec des mots simples et adaptés à son âge) que le « grand méchant loup » est une invention littéraire et que les vrais loups ne mangent personne.

• Apprendre à l'enfant à ne pas se précipiter sur un chien inconnu mais à s'approcher lentement en l'appelant, la main tendue pour se faire flairer. Un chien approché correctement ne mordra jamais à l'improviste.

• Si l'enfant est assez grand, lui expliquer quels sont les signes d'agressivité du chien (poil dressé, oreilles en arrière, grondement).

Faire comprendre à l'enfant que le chien utilise ce « langage » pour lui dire qu'il ne veut pas être touché, et qu'il faut ainsi respecter son désir d'être laissé tranquille.

• Apprendre à l'enfant à ne jamais courir ni crier devant un chien (voir plus haut).

Il est très important d'apprendre à l'enfant comment approcher un chien inconnu

Conseils pour les parents d'enfants ayant déjà peur des chiens

• Ne jamais forcer un enfant à s'approcher d'un chien mais se limiter à donner l'exemple en caressant des chiens, en jouant avec eux.

• Faire voir à l'enfant des films documentaires ou fictions dont les protagonistes ou héros sont des chiens (présentés toujours de manière positive, bien sûr).

• Expliquer à l'enfant qu'il n'a et n'aura jamais besoin de s'enfuir devant un chien. Si l'enfant est très petit et qu'ainsi l'instinct l'emporte chez lui sur la raison, il sera alors conditionné exactement comme les chiots, et on le mettra en contact avec des chiens très doux et fiables à 100 % (de petit gabarit pour commencer et, petit à petit, de plus en plus gros). Ainsi s'instaurera ce que l'on nomme en éthologie « l'apprentissage par dissuasion » : l'enfant cesse petit à petit de craindre le stimulus X (dans ce cas, le chien), au fur et à mesure que l'expérience lui montre que ce stimulus X est inoffensif. Pour ce « dressage du chiot bipède », on utilisera un chien adulte, voire un peu âgé (car très pacifique), jamais de sujet jeune, car un jeune chien pourrait effrayer l'enfant rien qu'en essayant de jouer avec lui. Le chien sélectionné doit être tranquille, indifférent, quasiment apathique. Dans des cas extrêmes, ou pour de très petits enfants, on peut commencer à les habituer avec des chiens en peluche.

L'enfant qui a peur des chiens doit être « rééduqué » et il faut lui présenter des sujets de petite taille extrêmement doux et tranquilles

Le choix du chiot

Le choix du chiot est une étape fondamentale. Vous n'avez peut-être, jusqu'à présent, fait que feuilleter distraitement ce livre. À présent, ne vous contentez plus de « lire en diagonale » !

L'élevage, l'éducation et le dressage d'un Rottweiler auront beau être faits dans les règles de l'art, tout cela sera parfaitement inutile si le chiot n'a pas été correctement choisi.

Pour qu'au final votre chien soit un animal équilibré, il faut au départ un chiot équilibré. Si les données génétiques sont défavorables, le maître, même le plus compétent au monde, sera voué à l'échec.

À qui donc faut-il s'adresser pour être sûr d'avoir un chiot équilibré ?

Une seule réponse : à un bon élevage ! Pour un chien de défense, la sélection sur le caractère est trop importante pour être aléatoire. Chez le Rottweiler, comme dans toutes les races de grands chiens à l'agressivité élevée, les accouplements hasardeux sont à très haut risque et un certain nombre de facteurs sont à prendre en compte : la lignée, l'hérédité, un accouplement pensé et bien évalué... Bref, on ne peut pas faire n'importe quoi ! Seuls les experts ou les très bons éleveurs, au prix de recherches et d'études approfondies, sont en mesure d'effectuer ce travail de préparation et d'accouplement. J'insiste sur la notion de « bons éleveurs » et « excellents élevages », car il ne suffit pas d'être agréé par la SCC (Société centrale canine) ou plus simplement de s'inscrire dans les pages jaunes comme « élevage de Rottweilers » pour garantir un travail vraiment sérieux !

Un *bon* éleveur est bien sûr inscrit à la SCC, mais il est également spécialiste d'une race et s'y dévoue quasi exclusivement ; il fait participer ses chiens à des expositions et épreuves de travail, et ceux-là remportent fréquemment des

Un élevage sérieux et spécialisé dans une race constitue sans aucun doute la plus sûre des sources d'acquisition de chiots

prix. Son élevage fait l'objet de contrôles sanitaires fréquents et rigoureux et tous ses chiens ont été radiographiés pour déceler une éventuelle dysplasie de la hanche. Enfin, par-dessus tout, il a un bon rapport avec ses chiens.

Si lors de votre visite dans un élevage, même des plus prestigieux, vous vous apercevez que les chiens ne font pas fête à leur maître ou, pire, qu'ils le craignent, fuyez à toutes jambes ! Cet éleveur ne pourra jamais garantir un chiot au caractère sûr, car il contrôle ses chiens par la soumission uniquement, et toute notion d'amour et de confiance est absente de leurs relations.

Pour trouver les meilleurs élevages, vous pouvez vous adresser à votre antenne locale de la SCC. Une fois que vous aurez choisi l'élevage, contentez-vous de lui accorder une confiance aveugle pour le choix de votre chiot, surtout si vous souhaitez un chien très sûr, parfaitement fiable et doux. Fort de son savoir-faire et d'une certaine expérience, l'éleveur n'aura aucun problème à vous trouver le compagnon idéal. Si vous souhaitez vous faire votre idée personnelle, vous pouvez suivre une portée de chiots pendant qu'ils effectuent le test de Campbell.

Le test de Campbell a pour but d'identifier le degré de domination d'un chiot, qui correspondra en partie à celui qu'il aura étant adulte. Il ne s'agit bien entendu que d'une « tendance » caractérielle, celle-ci pouvant par la suite être fortement influencée par le maître, mais c'est toujours une indication intéressante à connaître.

Le test de Campbell

Ce test doit être effectué six à huit semaines après la naissance, supervisé par une personne inconnue du chien (le futur acquéreur par exemple) et se dérouler dans un lieu nouveau pour le chien, excluant autant que possible les distractions (privilégier un lieu clos). Durant tout le test, la moindre parole au chiot est à proscrire absolument ainsi que toute caresse ou tout compliment. Préparez au préalable un tableau (voir p. 54) où consigner les réponses relatives aux divers membres de la portée. Le test se divise en cinq phases.

1. **Attraction sociale.** À peine entré dans l'enclos, éloignez-vous du chiot en vous dirigeant d'emblée à l'autre extrémité. Accroupi, en appui sur vos genoux, battez doucement des mains pour attirer le chiot, sans l'appeler.

2. **Aptitude à suivre.** Partez d'un point proche du chiot, commencez à marcher d'un pas normal sans rien faire ou dire qui puisse inciter le chiot à vous suivre.

3. **Réponse à la contrainte.** Mettez-vous à genoux et renversez le chiot sur le dos, la panse à l'air. Maintenez-le dans cette position durant trente secondes (une main retenant doucement sa poitrine).

4. **Domination sociale.** Penchez-vous sur le chiot et caressez-le doucement d'un mouvement unique de la tête vers le cou puis le long de la colonne.

5. **Réaction à la prise dans les bras.** Penchez-vous sur le chiot et saisissez-le sous la panse en croisant vos deux mains. D'un seul mouvement, soulevez-le du sol. Maintenez-le ainsi durant une trentaine de secondes.

TABLEAU RÉCAPITULATIF :

Exercice et comportement correspondant	*A*	*B*	*C*	*D*	*E*	*F*
Attraction sociale						
Vient immédiatement - queue haute - se jette sur vous - mordille vos mains	td	td	td	td	td	td
Vient immédiatement - queue haute - pose ses pattes sur vos mains	d	d	d	d	d	d
Vient immédiatement - queue basse	s	s	s	s	s	s
Vient en hésitant - queue basse	ts	ts	ts	ts	ts	ts
Ne vient pas	i	i	i	i	i	i
Aptitude à suivre						
Suit immédiatement - queue haute - vient entre vos pieds - mord vos pieds	td	td	td	td	td	td
Suit immédiatement - queue haute - vient entre vos pieds	d	d	d	d	d	d
Suit immédiatement - queue basse	s	s	s	s	s	s
Suit avec hésitation - queue basse	ts	ts	ts	ts	ts	ts
Ne suit pas et s'en va	i	i	i	i	i	i
Réponse à la contrainte						
Se rebelle violemment - se débat - mord	td	td	td	td	td	td
Se rebelle violemment - se débat	d	d	d	d	d	d
Se rebelle, puis se calme	s	s	s	s	s	s
Ne se rebelle pas, lèche vos mains	ts	ts	ts	ts	ts	ts
Domination sociale						
Saute sur vous - pose ses pattes - mord - grogne	td	td	td	td	td	td
Saute sur vous - pose ses pattes	d	d	d	d	d	d
Se tourne - lèche vos mains	s	s	s	s	s	s
Se tourne assis sur son train - lèche vos mains	ts	ts	ts	ts	ts	ts
S'en va et reste au loin	i	i	i	i	i	i
Réaction à la prise dans les bras						
Se rebelle violemment - mord - grogne	td	td	td	td	td	td
Se rebelle violemment	d	d	d	d	d	d
Se rebelle - se calme - lèche vos mains	s	s	s	s	s	s
Ne se rebelle pas - lèche vos mains	ts	ts	ts	ts	ts	ts
TOTAL *td*	3					
d	1					
s	1					
ts						
i						

Chaque lettre désigne un chiot (A, B, C, etc.). Sous la colonne de chaque lettre, consigner les résultats des exercices à l'aide du code suivant : **td** = très dominant ; **d** = dominant ; **s** = soumis ; **ts** = très soumis ; **i** = inhibé).

RÉSULTATS

Deux *td* ou plus et quelques *d*
Chiot très dominant. Le chien sera très vif, peu adapté à la compagnie des enfants et des personnes âgées ainsi qu'à la cohabitation avec d'autres chiens du même sexe. Le dressage devra être effectué par des mains d'experts.

Trois *d* ou plus
On pourra aisément dresser ce chien à condition d'user de méthodes cohérentes et non coercitives. Pour lui aussi, on choisira de préférence la compagnie des adultes et une ambiance calme.

Trois *s* ou plus
Ce chien s'adaptera bien à tout milieu et sera le compagnon idéal des enfants et des personnes âgées. Il aura du mal à être un bon chien de défense. Probablement doué pour les exercices d'obéissance, il pourra éprouver quelques difficultés dans les exercices d'attaque.

Deux *ts* ou plus, accompagnés éventuellement de *i*
Chien très soumis, adapté à la compagnie des enfants déjà grands mais non à celle des tout-petits, car ces derniers pourraient, par des gestes incontrôlés et parfois brusques, bouleverser son équilibre psychique et occasionner, ainsi, des troubles caractériels. « Douceur » devra être le mot d'ordre, même pendant les périodes de dressage.

Deux *i* ou plus, dont un obtenu dans l'épreuve de domination sociale
Chien difficile à socialiser et à dresser, absolument déconseillé dans l'entourage d'enfants en bas âge, car, sous l'effet d'un stress important, il pourrait les mordre. Étant anxieux, il a des chances de devenir un grand aboyeur. Chien peu équilibré qui ne pourra devenir un bon chien de travail qu'entre des mains expertes.

Pour un Rottweiler particulièrement bon et doux, choisir de préférence un chiot *s* ou, éventuellement, un chiot *ts* qui n'a obtenu aucune réponse *i*. Ces sujets, soumis ou très soumis, s'ils sont élevés de manière correcte, deviennent pratiquement toujours de « bons chiens de compagnie » capables, si nécessaire, de défendre leur maître et les membres de toute la famille. Un tel sujet montera une garde attentive mais, n'étant pas vraiment un « cœur de lion », il tentera plus d'impressionner les intrus que de provoquer un véritable combat contre eux. Mis au pied du mur, il pourrait bien préférer la fuite, mais, généralement, rares sont ceux qui se risquent à vérifier par eux-mêmes.

Après avoir suivi les tests de Campbell et vous être entretenu avec l'éleveur, il ne vous reste plus qu'à rentrer chez vous avec votre chiot et votre toute nouvelle fierté de maître !

Rappelez-vous toutefois que l'éleveur n'est pas un simple « vendeur de chiens ». Il est un expert, grand connaisseur de la race et même un peu plus que cela. Il est un peu comme un artiste dont les chiots seraient, en quelque sorte, ses « créations ». Tout cela pour vous dire qu'il y tient, à ses chiots, et qu'il espère toujours les voir, entre de bonnes mains, devenir des chiens heureux. Pour cela, il sera disposé à vous aider et à vous donner des conseils dans toutes les phases de leur croissance.

De toute manière, ce serait tout bonnement impossible, car chaque chien est un être unique, avec son histoire propre et, cette histoire, le maître l'écrit en partie, lui aussi, au fur et à mesure qu'il fait l'éducation de son chien.

Aucun dresseur et aucun écrivain, même le plus doué qui soit, ne pourra suivre pas à pas la croissance de votre chiot, mais l'éleveur, lui, en a la possibilité, pour un peu que vous l'informiez des progrès et que vous lui demandiez conseil en cas de doute.

Ne craignez pas de le déranger. Évidemment, si vous l'appelez trois fois par jour, il finira par vous détester. Ne riez pas, j'ai eu des clients comme cela qui m'appelaient plusieurs fois par jour. Mais si vous l'appelez de temps à autre, il en sera sûrement très content et vous, vous en retirerez toujours de bons conseils.

Un bon éleveur n'abandonne pas son client juste après la vente mais reste toujours disponible pour donner des conseils. Il est content, aussi, d'avoir des nouvelles du chiot

Vous n'avez pas envie de vous adresser à un élevage

Certains croient encore que l'élevage est un lieu élitiste où ne s'adressent que les spécialistes ou encore ceux qui souhaitent avoir un « superchampion » de chien.

Il n'en est rien. Les « superchampions » se comptent sur les doigts d'une main, et aucun éleveur sérieux ne prétendra produire uniquement des « superchiens ». En fait, un élevage n'est rien d'autre qu'un lieu où le particulier est assuré de trouver un chiot sain, typique et de bon caractère, soigneusement sélectionné et non pas fruit d'un croisement hasardeux.

Bien évidemment, la sélection a un prix. Rien que le coût financier, les efforts, les déplacements qu'impliquent des exigences quotidiennes comme la nourriture, le dressage, les vérifications d'usage sur la valeur des chiens en exposition et en épreuve de travail, les radiographies de tous les reproducteurs, les déplacements pour aller faire couvrir une femelle par les meilleurs mâles possibles et ainsi de suite... L'éleveur sérieux, vous l'aurez compris, n'a pas vraiment d'alternative. Ou bien il vend ses chiots à un prix proportionné aux efforts et coûts usuels, ou bien il court à la faillite.

Pour un particulier, le discours n'est pas du tout le même. Il s'agit en général d'un propriétaire de femelle qui se dit un beau jour qu'il serait temps pour elle d'avoir une portée. Que fait-il alors ? Il téléphone à son voisin qui possède un mâle, et voilà les noces canines promptement célébrées. Le chien est-il beau, équilibré, sain, génétiquement compatible avec la femelle ? Cela, personne n'en sait trop rien, et ça n'est du reste pas le souci majeur. Neuf fois sur dix, les préoccupations du néophyte se limitent à ce que le mâle n'habite pas trop loin. Deux mois plus tard, les chiots naissent et voilà notre particulier tout heureux et fier. Personne n'a jamais vu de chiots plus beaux que les « siens » (bien souvent, c'est la première fois qu'il voit lui-même une portée de nouveau-nés) et sa chienne a été bien courageuse. Un mois plus tard, l'enthousiasme est complètement retombé, voire s'est mué en ferme désespoir ! Les chiots (sept, huit, parfois neuf) ne restent plus sagement couchés dans leur coin mais trottent dans toute la maison et détruisent tout sur leur passage. Leur mère ne fait plus leur toilette et ces monstres sèment des pipis et cacas un peu partout dans la maison, jusque sur le tapis tout neuf du salon... Et voilà donc notre brave particulier qui se décide à mettre une annonce dans le journal : « Vends superbes chiots, pure race, prix très intéressant ». En attendant acquéreur, toute la portée se retrouve au garage ou à la cave, histoire de libérer la maison de l'« invasion barbare » (et l'imprinting dans tout cela, notre ami n'en a cure. Du reste, neuf fois sur dix, il ignore jusqu'au nom même de ce concept). Autour de trente-cinq, quarante jours de vie, à peine les chiots commencent-ils à manger seuls qu'on les refile bien vite aux nouveaux propriétaires en toute innocence, sans même être conscient des dommages physiques et psychologiques subis par les chiots. Dommages physiques parce que les chiots commencent à peine à manger seuls à trente jours et, qu'à ce stade, le lait maternel est encore très précieux pour l'organisme en aliment de complément. Dommages psychologiques, enfin, car les chiots n'ont pas eu la possibilité d'achever leur phase de socialisation à l'intérieur de leur petite « meute ». Si le nouveau maître n'est pas prompt à réagir (car il croit qu'un chiot est « trop petit pour être emmené en promenade »), le chien deviendra à coup sûr un animal agressif envers ses semblables.

Évidemment, les choses ne sont pas toujours aussi dramatiques que cela ! Certains particuliers propriétaires d'une femelle de race restent en contact avec l'éleveur et lui demandent des conseils sur l'accouplement, la manière d'accueillir et de gérer les chiots et ainsi de suite. Dans ces cas-là, un particulier peut produire une portée de qualité. Mais si tel est effectivement le cas, si notre particulier s'est montré consciencieux, responsable, sérieux, s'il s'est bien préparé à l'idée d'avoir une portée de petits chiots avec tous les problèmes que cela occasionne, il y a au final peu de chance pour qu'il essaie ensuite de s'en débarrasser le plus vite possible. Il sait, en outre, qu'il a produit des chiots de qualité et ne sera certainement pas prêt à les laisser pour un prix dérisoire, mais

se contentera d'offrir un léger rabais (ou pas du tout) par rapport à un chien d'élevage.

Une autre source possible d'acquisition est le magasin animalier, à condition toutefois d'être très prudent, surtout quand il s'agit d'acquérir un chien de défense tel que le Rottweiler. Car sachez que, même si le gérant d'un magasin animalier aime les animaux et qu'il respecte sa clientèle, il est peu probable qu'il soit un grand expert dans toutes les races qu'il traite. Et s'il n'est pas expert, il ne pourra alors que se fier à l'honnêteté de ceux qui lui vendent ses chiots.

Or les magasins animaliers sont fournis par trois sources différentes : les élevages, les grossistes et les particuliers.

• Rares sont les magasins qui se fournissent auprès des éleveurs, car, comme nous l'avons mentionné plus haut, l'éleveur pratique des prix élevés auxquels le magasin doit ajouter encore sa marge de bénéfice pour pouvoir vivre.

• Si le commerçant se fournit auprès de particuliers et qu'il n'est pas expert, il peut tout à fait vous revendre (et plus cher) les fameux chiots de l'exemple précédent « nés à la maison ».

• Si le commerçant se fournit chez les grossistes, c'est le désastre assuré. Car il n'existe pas, en France, de lois suffisamment fermes sanctionnant l'importation et le commerce des chiens. Ce contexte laxiste favorise un trafic de chiens importés de pays en difficultés économiques (le plus souvent des pays de l'Est) qui vendent à des prix extrêmement bas. Et que vendent-ils exactement ? Des chiots non sélectionnés, non contrôlés, souvent sous-alimentés, non vaccinés... transportés par camion sur des milliers de kilomètres et traités à peine mieux que de vulgaires marchandises, restant bien souvent sans manger, sans boire et dans des conditions d'hygiène et de santé désastreuses. Quand ils survivent, ces chiots sont affligés de troubles divers et, adultes, deviennent des chiens lymphatiques, physiquement déficients et souvent déséquilibrés. La longue période d'incubation de la majeure partie des maladies infectieuses fait que la mort du chiot arrive la plupart du temps après qu'il a été cédé à son propriétaire final.

Précision utile : si un prix élevé n'est pas une garantie absolue de qualité, en revanche il y a lieu de se méfier sérieusement de chiots vendus à un prix extrêmement bas. Il est donc impensable d'essayer d'économiser sur le prix d'achat, pour peu que l'on veuille être sûr de son Rottweiler.

Conclusion : *Le choix du chiot, et plus particulièrement du chiot Rottweiler, se révèle d'une importance capitale. Faire une mauvaise acquisition peut s'avérer fatal, même si le maître est animé des meilleures intentions du monde et qu'il se voue corps et âme à l'éducation de son chien.*

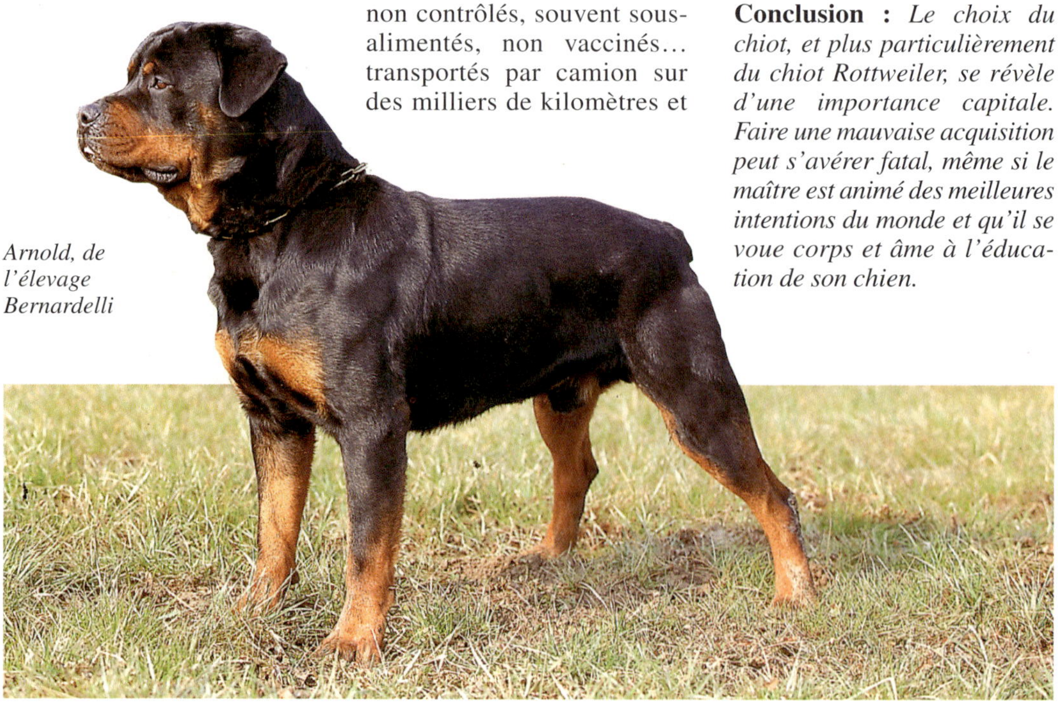

Arnold, de l'élevage Bernardelli

Comment éduquer et dresser un Rottweiler pour en faire un chien fiable

Voilà toute la question : peut-on *réellement* avoir un Rottweiler fiable à 100 %, au comportement sûr et pacifique envers les enfants, jamais dangereux envers les hommes et les animaux ?

Eh bien oui, c'est possible ! Et cela sans l'ombre d'un doute : vous ne devrez jamais stimuler son agressivité. Cela ne signifie pas pour autant que votre chien deviendra forcément un bon gros « toutou » qui fait fête même aux voleurs. Même s'il n'est pas préparé à ce rôle, le Rottweiler est toujours prêt à défendre ceux qu'il aime. En cas de réel danger, il ne reculera certainement pas devant la peur.

C'est spontanément qu'il monte la garde, car il défend son territoire. Ainsi, nul besoin de lui enseigner quoi que ce soit en particulier. Il est fort probable que si le chien est très pacifique et très bon, il n'attaquera pas l'éventuel intrus qui ignorera ses avertissements et entrera dans la maison. Mais ces cas sont rares, car qui aurait le courage de défier un Rottweiler qui aboie férocement au portail de la maison ?

Ainsi, un chien bon n'est pas synonyme de « chien inutile ». Et même si l'effet n'est que dissuasif, c'est déjà cela.

Quelques règles de base

Voici quelques conseils à l'usage de ceux qui souhaitent un chien très sûr et qui ne morde pas.

• Choisissez un chiot qui ne soit pas excessivement dominant. Entretenez-vous au préalable avec l'éleveur et expliquez-lui qu'il est capital pour vous que le chien ait bon ca-

Un chien bien socialisé est également prêt à défendre le territoire dans lequel il vit. Il sera ainsi un excellent chien de garde

ractère. Le chien le plus adapté sera très certainement une femelle, mais ce n'est pas forcément le cas. Bien des mâles peuvent être doux et dociles.

• Assurez-vous que l'imprinting a bien eu lieu correctement.

• Prenez en main sa socialisation envers les personnes et les animaux, sans oublier que la période idéale pour ce faire court de la huitième à la douzième semaine. Faites-le caresser par le plus de personnes possibles, faites-le jouer avec d'autres chiens, faites-lui voir des chats, des chevaux, des poules et ainsi de suite.

• Socialisez-le surtout envers les enfants, qui devront être bien élevés et gentils avec lui. Alors qu'il est encore chiot, présentez-lui souvent des situations avec des enfants qui courent, jouent et crient et, au moindre signe d'excitation prédatrice, dissuadez-le sévèrement de suivre son inclination.

• Évitez absolument d'exciter le chiot (même par jeu) contre des chats ou d'autres animaux.

• Dressez-le vous-même si vous le souhaitez pour tout ce qui a trait aux exercices d'obéissance et de piste, mais n'abordez jamais vous-même les exercices d'attaque. Un Rottweiler doux et très sûr peut très bien apprendre à mordre une main et rester foncièrement pacifique (voir chapitre « Le dressage du Rottweiler »), mais uniquement s'il est dressé par un professionnel expert en la matière.

• Évitez que le chien ne manifeste des signes de domination à votre égard, même s'il le fait d'une manière attendrissante et comique. Par exemple, un chien qui vient mendier une caresse ou un jeu ne doit pas être contenté sur-le-champ (car c'est vous qui obéiriez à ses ordres). Vous devez lui faire exécuter un petit exercice (un « assis » ou « couché »), puis jouer avec lui ou le caresser.

• Évitez, même avec un chiot, les jeux qui stimulent l'agressivité et la possessivité. L'exemple typique du « tirer à soi » avec un chiffon est à proscrire, car c'est un jeu propédeutique au travail d'attaque (même si on l'utilise justement pour fixer l'attaque sur l'instinct prédateur et non pas sur l'agressivité). Ce jeu doit être réservé au dressage par des professionnels. Si c'est un chien tranquille et sûr que vous souhaitez, ne jouez pas

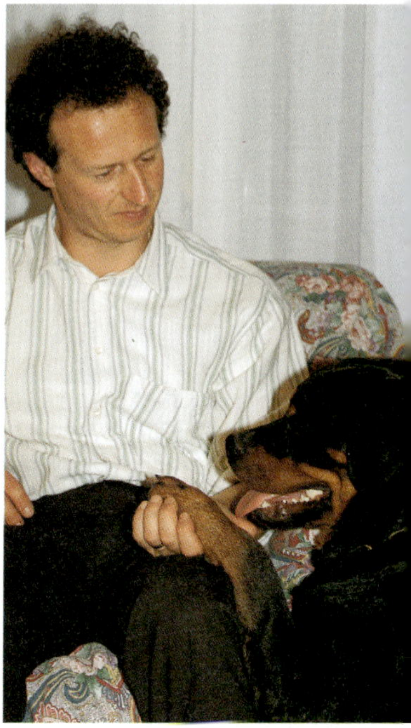

Obéir aux ordres du chien est le meilleur moyen pour lui faire croire que vous êtes son « inférieur hiérarchique ». Il est très difficile, après, de garder le contrôle sur le chien

Le jeu du « tirer à soi » est réservé aux professionnels. Les profanes se garderont bien de se livrer avec le chien à de quelconques jeux, tel celui-ci, qui stimuleraient la possessivité et l'instinct prédateur

avec lui au jeu du « tirer à soi » ou à d'autres jeux « violents ».

• Évitez toute forme de conditionnement, même involontaire, si le chien manifeste de l'agressivité. Par exemple, s'il gronde devant un chien ou une personne, ne commettez jamais l'erreur de le caresser « pour le calmer ». Ce comportement est très répandu, certes, mais n'oubliez jamais que la caresse du maître est pour lui un signe d'approbation.

• Traitez votre chien avec amour et douceur mais traitez-le néanmoins « en chien ». Ainsi, respectez sa nature canine et évitez de lui faire assumer un rôle qui n'est pas le sien à l'intérieur de la famille. S'il est traité comme un enfant plutôt que comme un animal, comme cela arrive par exemple lorsqu'on lui permet de dormir dans le lit de son maître, il montrera tôt ou tard des signes de déséquilibre. Ces situations encombrent le chien d'une responsabilité qui ne devrait pas lui incomber. Il ne se sent plus votre « disciple » mais votre « compagnon », jusqu'au sens premier du terme (certains chiens peuvent même se sentir excités sexuellement quand leur maîtresse les caresse). Il pourrait ainsi développer un comportement déviant pouvant déboucher sur une jalousie morbide (et dangereuse) envers le mari ou la femme du couple, ou sur une possessivité exacerbée (un chien hyperprotecteur finit par gronder devant la première personne qui veut vous embrasser ou vous approche).

• N'oubliez pas que, le Rottweiler étant un chien très sensible, il éprouvera un fort besoin de contacts humains et qu'il préférera se contenter d'un contact « négatif » plutôt que de rester isolé. En d'autres termes, un Rottweiler peut se complaire dans un comportement qui ne lui vaut que des gronderies et réprimandes, un comportement agressif, uniquement parce que ce n'est que lorsqu'il le réprimande que son maître s'occupe véritablement de lui. Voilà pourquoi de nombreux maîtres de Rottweilers se désespèrent. Il est très probable que le chien en question manque de contacts avec son maître et, ainsi, ne se comporte de la sorte que pour attirer son attention, même si elle se manifeste par des réprimandes, voire des coups. Cette situation peut dégénérer en cercle vicieux, et il convient alors de l'enrayer tout de suite en donnant au chien suffisamment d'attention.

Froid, de l'élevage Bernardelli (champion italien de beauté, HDB, ZTP, SCH 1), propriétaire : Loris Ferraroni

Conclusion : *Un chien laissé seul dans le jardin toute la journée peut manifester un comportement agressif. Pour y remédier, il est bon que le chien passe de longs moments en famille, qu'il ait des contacts avec les personnes et qu'il se sente utile et bien accepté. Il ne faut pas pour autant verser dans l'excès inverse et le gratifier d'attentions exagérées, car cela pourrait induire chez lui un comportement déviant.*

Cela vous semble compliqué, difficile ?

En réalité, c'est très simple. Il ne s'agit que de comprendre la mentalité canine et d'adapter votre comportement à certaines exigences que requiert la présence d'un chien et sa faculté de compréhension.

Il peut vous sembler difficile d'éduquer un Rottweiler, avec toutes les règles que cela comporte et qu'il faut mémoriser. Mais c'est un peu comme apprendre à conduire. Rappelez-vous vos premières leçons en auto-école, comme il vous a semblé difficile de synchroniser tous les mouvements, de vous souvenir de l'emplacement des pédales, des vitesses, etc. Et pourtant, aujourd'hui, vous conduisez une voiture sans même y penser.

Avec un chien, c'est presque la même chose. Une fois acquis les mécanismes de base, le rapport avec votre animal deviendra de plus en plus facile et spontané… et bien vite, vous vous rendrez compte que ces règles étranges ne sont rien d'autre, en fait, que l'essentiel et qu'elles correspondent en tous points à la logique linéaire d'une mentalité de chien.

Le dressage du Rottweiler

Dans ce chapitre sera décrit un bref programme d'obéissance. Vous ne trouverez en revanche dans ce chapitre, ni dans le reste du livre, aucun exercice de piste et aucun exercice d'attaque. N'allez pas croire pour autant qu'un Rottweiler doux, fiable et sûr ne doive pas ou ne puisse pas exécuter des attaques sur des manchons. Car un Rottweiler élevé et éduqué correctement *peut tout à fait suivre un programme complet, y compris les exercices d'attaque, sans que son équilibre psychique en soit le moins du monde atteint.*

Il est temps de clarifier ici l'idée reçue selon laquelle « un chien dressé est un chien qui mord ».

Il faudrait plutôt préciser qu'un chien bien dressé est toujours sous le contrôle du conducteur mais qu'à l'inverse, un chien domestique gâté et non éduqué, laissé toujours libre de faire ce qu'il veut, aura, lui, bien plus de chance d'être ce « chien qui mord », car il n'aura alors aucun garde-fou dressé devant lui.

Les exercices d'attaque ne rendront pas votre Rottweiler plus dangereux, mais au contraire plus « malléable ». Ils sont, en revanche, réservés exclusivement à des personnes expertes en la matière et spécialistes de cette race en particulier

Je tiens ici à rappeler une chose importante : si vous vous adressez à une bonne école, dirigée par des personnes expertes et compétentes, vous pourrez dresser votre Rottweiler à n'importe quel type de travail et à tout niveau de difficulté que ce soit, sans créer de difficultés caractérielles chez le chien (et même parfois, en en résolvant certaines).

Si vous n'ambitionnez pas de « carrière » particulière pour votre chien mais souhaitez lui apprendre seulement les bases de l'obéissance, vous pouvez vous limiter aux enseignements décrits ci-après.

Cette série d'exercices va du moins difficile au plus difficile. Vous n'êtes pas obligé, bien sûr, de tous les apprendre à votre chien. Mais peut-être, au fur et à mesure du dressage et des premières satisfactions obtenues, vous sentirez-vous tenté d'aller plus loin, et ainsi de suite, jusqu'à parvenir, à la fin du livre, aux exercices correspondant à un premier brevet de travail.

Certains instruments deviennent nécessaires à partir d'un certain niveau (comme les obstacles pour le saut), et il n'est pas toujours facile pour un particulier d'en faire l'acquisition. C'est pourquoi à partir d'un niveau honorable d'obéissance, il est souvent conseillé de s'adresser à une bonne école de dressage qui dispose de tout le matériel nécessaire.

J'insiste sur le fait qu'il doit *s'agir d'une bonne école, avec des professionnels bien formés au travail et connaissant parfaitement la race.* Le choix de l'école est fondamental tout comme celui de l'élevage. C'est dans de mauvaises mains que le pire peut arriver.

Adressez-vous à la SCC ou à un club de race spécialisé pour avoir des références. Une fois le dresseur trouvé, expliquez-lui clairement que vous souhaitez un chien sûr et fiable à 100 %. C'est le dresseur lui-même qui vous indiquera les meilleures méthodes pour dresser votre chien.

Mais venons-en au sujet qui nous intéresse ici : notre programme d'obéissance. N'oublions pas qu'il peut être commencé dès le plus jeune âge. À 2 mois, un chiot est déjà en mesure de comprendre les ordres et de suivre la majeure partie des exercices (sauf les sauts, pour lesquels il faut attendre la maturité physique). Évidemment, vous ne pourrez prétendre à la perfection absolue avec un chiot de quelques mois, mais vous pouvez toujours commencer.

De 5 à 8 mois, nous sommes dans la période de l'âge idéal pour commencer un travail presque sérieux. Dresser le chien à cet âge permettra, entre autres, de l'avoir sous contrôle durant la période de la « rébellion adolescente » précédemment citée.

Passé les 12 mois, le chien est pratiquement adulte et il sera donc moins malléable, même s'il est capable de donner des résultats de haut niveau. La meilleure chose à faire reste donc de commencer très tôt

Au fur et à mesure que vous avancerez dans le dressage, vous devrez utiliser des accessoires parfois difficiles à construire soi-même. Il vaut mieux alors s'adresser à une bonne école

On ne peut demander à un petit chiot une exécution parfaite. Un chien de 2 ou 3 mois, en revanche, peut fort bien apprendre les bases de l'obéissance

et de poursuivre avec des aspirations de plus en plus élevées au fur et à mesure de la croissance du chien.

Les ordres

Le Rottweiler, c'est vrai, est un chien d'origine allemande, mais d'entendre dire à tort et à travers qu'il faut lui parler allemand « pour qu'il comprenne mieux » me fait toujours hurler de rire !

Un chien né en France et qui a toujours entendu parler français ne « comprendra » bien évidemment que le français. Ou plutôt, il comprendra quelques mots qu'il a appris à relier à certaines actions ou réactions. Si vous lui dites « on y va », il se dirigera vers la porte, si vous lui dites « méchant », il baissera les oreilles et prendra l'air coupable, mais cela, bien évidemment, ne signifie nullement qu'il comprenne le sens réel de ces paroles.

Le chien relie les sons, et non pas véritablement les « mots », à des conséquences directes. Si par exemple, au lieu de lui dire « on y va », vous lui dites « maintenant nous allons faire une petite promenade », il ne réussira pas à relier les deux choses avec autant de promptitude. De même que les enfants, les chiens reçoivent mieux et plus facilement les sons brefs et faciles, plutôt que les sons longs et articulés. Cela explique pourquoi de nombreux dresseurs utilisent la langue allemande. Non pas parce que le chien « comprend cette langue » (il faudrait alors parler le russe pour dresser un Berger du Caucase, le japonais pour un Akita Inu, etc.) mais parce que les ordres en allemand, étant plus brefs et de consonances plus « sèches », sont plus rapidement compris par le chien.

Les ordres donnés en allemand sonnent plus « sec » et sont plus brefs que leur équivalent en français. Mais la différence s'arrête là, et il n'est pas « mieux » de donner les ordres au chien en allemand plutôt qu'en français

Dans le cas du Rottweiler, la langue allemande peut servir à faciliter l'assimilation par le chien d'un ton ferme, presque « militaire », qui est, comme nous l'avons vu, le moyen le plus adapté à cette race pour obtenir l'obéissance.

L'allemand présente aussi l'avantage pour des femmes et des enfants de « durcir » le ton de leur voix, mais les hommes peuvent bien choisir la langue qu'ils veulent, ils n'ont aucun mal à prendre une « grosse voix ». Afin de respecter le libre arbitre de chacun, je citerai donc pour chaque exercice l'ordre en français et en allemand.

Important : s'il est utile de prendre un ton ferme et décidé, il est en revanche inutile et même déconseillé de hurler.

Un instructeur à la voix trop forte rendrait le chien « dur d'oreille », avec pour conséquence que l'animal n'obéirait pas aux ordres avant d'entendre le niveau de décibels requis. Autre conséquence négative d'une voix trop forte : le chien pourrait devenir exagérément soumis.

Le ton de la voix est donc fondamental et doit varier selon que les sons profèrent des ordres (ton sec et décidé), des compliments (ton très joyeux) ou des réprimandes (ton sec accompagné d'une expression sévère du visage). Il faut être bon acteur pour dresser un chien car l'animal est sensible à la moindre mimique et à la plus petite variation dans le ton de voix de son maître, et ces composantes sont, du reste, plus importantes pour lui que les paroles elles-mêmes (surtout au début du dressage, quand les mots n'évoquent encore strictement rien pour lui).

Le jeu

Le dressage de n'importe quel chien, mais encore plus de celui dont vous souhaitez faire un compagnon doux et amical, doit obligatoirement passer par le jeu. Le jeu est un système éducatif naturel (car c'est en jouant que loups et chiens sauvages apprennent à vivre, chasser, lutter et ainsi de suite) et, qui plus est, efficace, car le chien, sachant qu'il recevra en cadeau sa balle ou son chiffon, se livrera avec d'autant plus d'enthousiasme au « travail ».

Généralement, quand j'aborde ce point précis lors d'une leçon théorique de dressage, je vois bien souvent des personnes secouer la tête en signe de dénégation, non pas par désaccord mais parce qu'elles ne parviennent jamais à mettre en pratique ce système de jeu.

« Mon chien ne joue pas », entend-on dire bien souvent, « il ne regarde même pas une balle ».

Et généralement, je m'aperçois que le chien en question, un adulte ou presque, n'avait jusqu'alors pratiquement jamais vu de « jouet ». Il est dès lors bien évident qu'il ne va pas s'intéresser subitement au jeu !

Si le chien est encore jeune, on peut y remédier. Mais il ne faut jamais oublier qu'un chiot doit jouer avec des jouets dès les tout premiers mois de vie. Il doit jouer avec son maître et associer le concept de jeu aux attentions reçues, au divertissement, à un moment d'intimité avec l'homme. Si cette association d'idée se fait dans l'esprit du chien, il cherchera par la suite avidement les moments de jeux (c'est d'ailleurs comme cela que l'on dresse les chiens antidrogue). Sans cette association, le chien pourra regarder une balle tout au plus avec un morne intérêt, l'air de dire « à moi, on ne la fait pas ! ».

Je ne saurai alors que trop vous recommander de faire jouer le chiot le plus souvent possible, toujours avec le même objet qui finira par représenter pour lui la récompense suprême. Le dressage n'en sera que plus facile, agréable et rapide.

Le meilleur dressage est celui qui passe par le jeu

Le chiot doit être habitué à jouer dès les tout premiers mois de vie, sinon il devient un adulte incapable de jouer et sera en l'occurrence plus difficile à dresser

Conduite à la laisse

La conduite à la laisse est le premier exercice pour commencer le dressage à l'obéissance.

Le chien doit garder l'attention fixée sur le conducteur et marcher en gardant l'épaule à la hauteur du genou gauche du conducteur.

Colliers et laisses de dressage

Une conduite à la laisse impeccable, comme elle doit être exécutée en compétition

La position est maintenue dans les changements de direction, les angles, les demi-tours et les changements d'allure (pas normal, lent, de course). L'ordre est « *fuss* » ou « au pied ».

Le chien devra porter un collier étrangleur muni d'une laisse de dressage.

Commencez avec le chien à gauche, l'épaule à la hauteur de votre genou. Donnez l'ordre « au pied » et partez d'un pas normal, en tenant la laisse de la main droite mais l'empoignant néanmoins également de la main gauche près du collier.

Si le chien tire en avant, répétez sèchement l'ordre « au pied » et donnez une secousse sèche à la laisse en tirant le chien vers l'arrière.

Si le chien s'arrête ou se fait traîner, invitez-le à vous suivre en le caressant sur le cou et en lui faisant beaucoup de compliments (« bien », « brave ») d'un ton allègre et joyeux. Si cela ne suffit pas, donnez une secousse à la laisse en avant.

Si le chien a tendance à se déplacer latéralement, cheminez parallèlement à la clôture, le chien du côté du grillage, afin qu'il soit contraint de rester à votre flanc.

Les deux ou trois premiers jours, limitez-vous à avancer en ligne droite jusqu'à ce que le chien ait compris quelle est la position correcte à adopter. Puis vous commencerez à insérer des angles et des virages.

Avant un virage, n'oubliez jamais de donner l'ordre « au pied » : cela devra servir à attirer l'attention du chien sur vous. Vous pouvez aussi, pour cela, tenir dans la main droite le jouet préféré du chien. Cheminez tranquillement à pas normal, en donnant de légers coups sur la laisse pour donner au chien une idée du rythme

Si le chien a tendance à s'éloigner latéralement, essayez de le « coincer » entre votre jambe et la clôture

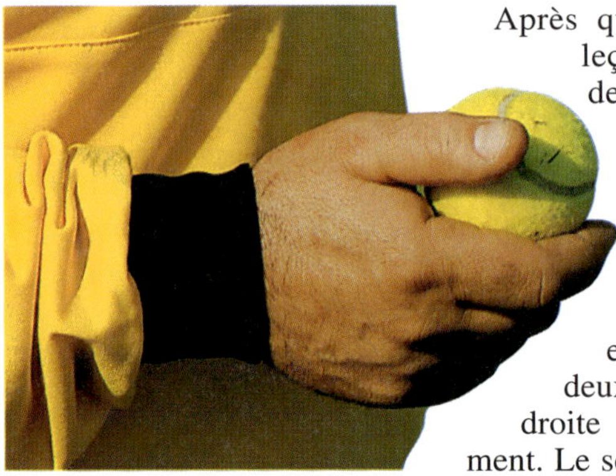

Une balle tenue dans la main droite constitue une aide précieuse pour peu qu'elle soit utilisée en temps voulu et sans trop exciter le chien. Sinon, le résultat obtenu peut être exactement contraire à celui désiré

qu'il devra tenir (un peu comme l'instructeur de l'armée avec ses « une-deux »).

À chaque changement de direction, un chien distrait peut facilement se retrouver entre vos jambes ou même se faire un peu piétiner les pattes. Tant mieux ! Une légère douleur ne pourra que lui être bénéfique pour comprendre qu'il doit prêter plus d'attention au travail et vous pouvez même lui marcher exprès sur les pieds ou lui donner un coup de jambe (sans lui faire trop mal évidemment) pour le rappeler à l'ordre quand il ne regarde pas où il va.

Le chien ne doit pas ressentir cela comme une « punition » (il en perdrait le plaisir du travail) mais comme un simple incident dû à son inattention. Ne lui donnez donc pas à comprendre que la chose a été voulue et abstenez-vous de le gronder. Continuez juste la conduite comme si de rien n'était. C'est à lui qu'incombe de tirer les conséquences de l'incident.

Après quelques jours de leçons, insérez les demi-tours et changements d'allure.

Le demi-tour peut s'exécuter de deux façons. Le demi-tour « à suivre » est tout simplement deux fois un tour à droite effectué rapidement. Le second s'appelle le « demi-tour de compétition » – même si en compétition les deux sont valables – et s'effectue de la manière suivante : faites un tour sur vous-même rapide et court vers le chien en changeant deux fois la laisse de main et faisant en sorte que le chien tourne autour de vous. Dans les deux cas, l'ordre « au pied » devra être donné peu avant le tour, afin que le chien ne soit pas pris par surprise.

Pour les changements d'allure, il vous faudra ralentir le pas, puis revenir à un pas normal, puis courir. Mais il n'est pas nécessaire de suivre un vrai « pas de course » sur deux cents mètres, il suffit de « trotter », surtout lors des premières leçons. La course, de fait, est l'allure qui pose le plus de problèmes car le chien pense que le travail est terminé et qu'est arrivé le moment de jouer ; du coup, il se met à sauter comme un cabri. Dans ce cas de figure, encore une fois, il ne faut pas gronder le chien trop sévèrement, mais un « non » sec doit suffire, éventuellement accompagné d'un coup de jambe pour le rappeler à l'ordre.

Après une brève période de conduite correcte (juste quelques pas les premiers jours), faites jouer le chien avec sa balle et félicitez-le familièrement.

Erreurs à ne pas commettre

• Utiliser la laisse avec trop de brusquerie, en donnant des coups exagérés qui pourraient faire mal au cou du chien (le Rottweiler a un cou robuste, certes, mais non pas insensible). Il en résulterait une excessive soumission du chien et, conséquence directe, une conduite dite « amorphe », oreilles baissées et regard soucieux. Cette conduite soumise non seulement est un triste spectacle à voir, mais elle est pénalisée en compétition.

• « Suivre » le chien plutôt que de réussir à se faire suivre. Ces erreurs sont souvent commises sans même que l'on s'en rende compte (et plus facilement encore dans la conduite sans laisse), car ces déplacements « consentis » au chien sont minimes. Mais le chien, lui, s'en rend parfaitement compte, et il en profite !

Assis

Voilà une position absolument naturelle chez le chien. Il la prend spontanément et cela en diverses occasions. Votre but est ici de l'obtenir sur commande. L'ordre est « *sitz* », ou « assis ».

Un « assis » bien positionné

Les premières fois, et surtout avec le chiot, il faut observer le chien et donner l'ordre alors que vous le surprenez en train de s'asseoir spontanément, et il n'est pas difficile de surprendre un de ces moments-là.

Bien vite se créera une association mentale entre l'ordre et la position à prendre et cela suffit au chien pour l'assimiler.

Une autre méthode consiste à tenir une balle (ou un biscuit) au-dessus de la tête du chien tout en donnant l'ordre « *sitz* ». Il lèvera la tête pour regarder la balle et automatiquement devra abaisser son postérieur. Cette méthode présente toutefois un inconvénient : le chien souvent n'associe pas l'ordre de prendre la position au mot « assis » mais à la balle.

Les rares personnes qui n'auront pas encore appris le « assis » à leur chien pourront le faire sur le camp de dressage, lors de la conduite à la laisse. Il faut alors donner l'ordre « assis » et :

a) garder la main droite haute (celle qui empoigne la laisse) ;

b) poser la main gauche sur la croupe du chien ;

c) tirer doucement la tête du chien vers le haut tandis que la main gauche se contente de retenir le postérieur.

De cette façon, le chien bascule vers l'arrière et, ne pouvant reculer, il est forcé de s'asseoir.

Attention : ne *jamais* pousser sur le postérieur. Ce geste, particulièrement sur les chiens dominants comme le Rottweiler, a pour effet d'induire une réaction contraire chez le chien. Vous poussez vers le bas et lui résiste, avec pour résultat une lutte totalement vaine vue la simplicité de l'exercice.

Si, en revanche, vous faites basculer le chien vers l'arrière, le mouvement deviendra tout à fait naturel et aucune coercition n'aura lieu.

À peine le chien s'assied-il que vous devrez le féliciter et le caresser, non pas sur la tête (un geste qui indique la domination de la part du conducteur et le chien pourrait ne pas apprécier cela du tout) mais sur la gorge.

Les caresses ne doivent pas être exagérées. Une dose excessive inciterait le chien à se mettre debout.

Dès que le chien aura appris le « assis », vous devrez lui donner l'ordre à chaque arrêt lors de la conduite. Avec le temps, l'ordre sera même superflu car le chien devra s'asseoir spontanément à chacun de vos arrêts.

Erreurs à ne pas commettre

• Se baisser ou plier les genoux pour faire comprendre au chien qu'il doit s'asseoir. En réalité, le chien ne comprend pas ce geste mais peut fort bien l'associer à l'ordre. Dès lors, il ne s'exécuterait plus, quand vous diriez « assis », que si vous faisiez mine de vous asseoir vous-même !

Enseigner l'ordre « assis »

La conduite sans laisse

Dès que le chien a bien assimilé la conduite à la laisse et qu'il l'exécute sans problème, vous pouvez passer à la conduite sans laisse. Cela ne signifie pas pour autant que tout se fait facilement et naturellement !

L'exercice est pratiquement identique au précédent, l'ordre est le même et l'on pourrait penser qu'il se déroule sans effort. Il n'en est rien. Le lien que représente la laisse est extrêmement puissant. Le chien, en effet, voit dans la laisse un prolongement de la main de son maître. Ainsi donc, même si le maître tient mollement la laisse ou s'il la laisse pendre, le chien aura toujours le sentiment d'être sous son contrôle. En revanche, dès que celle-ci disparaît, l'animal se sent alors libre de faire ce qui lui plaît (c'est-à-dire, la plupart du temps, de gambader au loin sans être le moins du monde réceptif aux ordres !).

Conduite sans laisse au pas de marche et de course

Cet exercice est certainement le plus difficile à inculquer au chien en période de dressage à l'obéissance. Il ne faut en aucun cas brusquer les choses, mais plutôt s'armer de patience et ne jamais croire, quand les efforts commencent à être payants, que vous y êtes parvenu une bonne fois pour toutes.

Avant d'aborder la technique pure, je me permettrai juste de livrer un seul conseil qui pourrait bien être « le » secret d'un bonne conduite sans laisse : faire en sorte que le chien ne se sente jamais « libéré ».

On peut y parvenir de deux manières :

– construire une « laisse psychique » entre vous et le chien, afin qu'il se sente lié à votre volonté indépendamment de tout instrument « mécanique » ;
– faire croire au chien qu'il est en laisse, même s'il ne l'est pas.

La première méthode est de loin préférable à la seconde. Il est toutefois très difficile d'arriver à instaurer un rapport psychique étroit entre le chien et le maître, surtout quand l'animal est un Rottweiler, à moins d'être un maître exceptionnellement doué ou un dresseur hors pair. Quant à expliquer par des mots comment faire pour parvenir à créer cette « laisse psychique », c'est tout simplement impossible, d'une part parce qu'il n'y a pas une seule technique mais de multiples possibilités, d'autre part parce que le terme même de « technique » est impropre. C'est surtout affaire de sensibilité, d'intuition, d'attention et de perspicacité, et rien de tout cela ne peut vraiment s'expliquer par des mots. Il s'agit de vivre cette expérience et d'apprendre « sur le terrain », à force d'erreurs et d'expérience.

Si vous voulez créer une laisse psychique, il vous faudra la « fabriquer » vous-même sans espérer pouvoir compter sur des conseils et suggestions extérieurs.

Les conseils que je peux donner ici, en revanche, concernent la deuxième méthode, celle qui consiste à faire croire au chien qu'il est toujours tenu en laisse.

• Durant la conduite à la laisse, laissez tomber la laisse à terre, avec autant de nonchalance que possible, et continuez de marcher tout en donnant des ordres au chien, comme si de rien n'était. Si le chien réagit bien, après quelques pas vous le ferez asseoir et reprendrez la laisse en main. Répétez l'exercice plusieurs fois.

Au moindre signe de désobéissance, d'incertitude ou d'exubérance excessive chez l'animal, arrêtez-vous et reprenez immédiatement la laisse en main. Vous ne réitérerez votre tentative que le lendemain.

Les jours suivants, commencez petit à petit à

Pour la première leçon de conduite sans laisse, on peut enrouler la laisse autour du cou du chien

tourner la laisse autour du cou du chien au lieu de la laisser tomber à terre : d'un tour le premier jour, de deux le deuxième jour et ainsi de suite jusqu'à ce que la laisse tout entière soit autour du cou du chien.

Les premiers temps, vous n'avancerez qu'en ligne droite ou suivrez des angles très ouverts. Ne changez pas d'allure. Au fur et à mesure des progrès du chien, vous insérerez (très graduellement) les difficultés. Ce n'est que lorsque vous aurez obtenu une bonne conduite avec la laisse autour du cou du chien que vous pourrez vous enhardir à l'enlever totalement.

Tenir une balle dans la main droite est une autre façon d'apprendre au chien à marcher sans laisse

• Le chien est très malin et le seul bruit du mousqueton qui s'ouvre suffit à lui faire comprendre qu'il n'est désormais plus sous votre contrôle. Pour remédier à cet inconvénient, vous pouvez utiliser, les premiers jours, la technique de la double laisse (ou la laisse doublée d'une cordelette de Nylon). Vous détachez la laisse, le chien entend le bruit du mousqueton et se jette en avant... mais un coup sec donné sur la deuxième laisse (ou la cordelette) suffira à l'arrêter.

• Lorsque le chien se trompe, de quelque manière que ce soit et en quelque endroit qu'il se trouve, ne vous énervez surtout pas. Revenez en arrière et reprenez la laisse pendant quelques jours, sans plus essayer la conduite sans laisse. Calme et patience sont les maîtres mots pour réussir dans cette entreprise. La hâte ne conduit qu'au désastre.

• Le jouet devient ici un objet précieux et sert beaucoup à avancer dans cet apprentissage. Tenez-le dans la main droite et jouez-en, le faisant apparaître et disparaître à volonté, afin que le chien reste toujours à vos côtés pour « tenir jusqu'au jeu ». Si vous arrivez à maintenir une certaine tension émotive chez le chien, sans pour autant qu'il ne vous saute dessus, vous êtes sur la bonne voie et obtiendrez, j'en suis sûre, de bons résultats par la suite.

Erreurs à ne pas commettre

• De même que dans le point précédent, ne pas vous convaincre que vous conduisez le chien si, en réalité, c'est lui qui vous mène ! La différence peut être vraiment minime et difficile à déceler. Il suffit d'adapter son pas au pas du chien, ou de faire un pas de côté pour rétablir la position si le chien a fait un écart, pour que votre élève soit rapidement convaincu que c'est lui, en fait, qui vous fait faire un exercice de conduite sans laisse !

• Perdre patience et se mettre à hurler ou à secouer le chien lorsqu'il se trompe et que vous devez lui remettre la laisse. Ce type de comportement crée une excessive et inutile soumission chez le chien, attitude qui réapparaîtra dans la conduite à la laisse.

Couché

Voilà une autre position que le chien adopte très spontanément, dès qu'il veut se reposer. Là encore, cependant, l'exercice est assez difficile. L'ordre est « *platz* » ou « couché ». Les méthodes d'apprentissage ici sont multiples, on pourrait presque dire que chaque dresseur a sa méthode !

Avec le Rottweiler, cependant, évitez autant que possible toutes les méthodes qui préconisent une position de forte domination chez le conducteur (comme le conducteur qui force le chien à se coucher en se mettant pratiquement à cheval sur lui). Si vous voulez éviter tout risque de rébellion, je vous conseille la méthode inventée par G. Landolfi : faire asseoir le chien en premier, puis lui donner l'ordre « couché » et lui couvrir les yeux avec la main, laissant juste un trait de visibilité vers le bas. Le chien devra baisser la tête de plus en plus pour réussir à vous voir et, enfin, sera contraint d'abaisser toute la partie antérieure du corps.

Cette méthode est tout à fait naturelle, non coercitive, adaptée aux chiens qui n'aiment pas qu'on leur touche les pattes comme à ceux qui sont trop soumis. Le conducteur doit choisir le moment propice pour couvrir les yeux du chien (autrement la méthode ne fonctionne pas), et c'est sur le vif que cela s'apprend, au fur et à mesure des tentatives.

Lorsque le chien s'est mis à terre, louez-le mais sans le toucher. Empêchez-le de se relever en maintenant la laisse à terre, sous un de vos pieds.

« Couché » en parfaite position de sphinx. Jadis obligatoire en compétition, cette position n'est plus aujourd'hui que largement tolérée. Qu'importe, c'est toujours un plaisir de voir un chien l'exécuter parfaitement

Un moyen très judicieux et non coercitif d'apprendre au chien la position du « couché » : lui couvrir les yeux partiellement avec la main, de sorte qu'il doive baisser la tête pour y voir

Erreurs à ne pas commettre

• « Plaquer » le chien au sol s'il n'obéit pas. C'est souvent le premier réflexe du néophyte, mais sachez que le chien peut réagir de manière agressive à ce genre de comportement et, par là même, ruiner en quelques secondes tout le travail jusqu'alors accompli, ou encore réagir par une soumission extrême.

Un bon « truc » pour ne pas perdre patience : fatiguer le chien avant de lui dire « couché ! ». S'il n'en peut plus et rêve de se reposer, il n'en apprendra que plus facilement l'exercice.

Pas bouger

Cet exercice consiste à obtenir que le chien reste immobile quand s'éloigne le conducteur.

Cet ordre en général ne plaît pas trop au chien car il voudrait suivre son maître toujours et partout. L'exercice demande donc un peu de temps et de patience.

L'ordre donné peut être « *steh* », « *bleib* » ou « pas bouger ».

Le « pas bouger » s'obtient avec le chien assis, couché ou encore debout

Quelques écoles utilisent le « piquet » ou « piton » pour accélérer l'apprentissage. Il s'agit d'une sorte de long tire-bouchon métallique que l'on enfonce dans la terre en laissant juste dépasser l'extrémité formée d'un anneau. C'est à cet anneau que l'on attachera la laisse du chien quand il sera à terre, afin de l'empêcher de se lever et de suivre le conducteur.

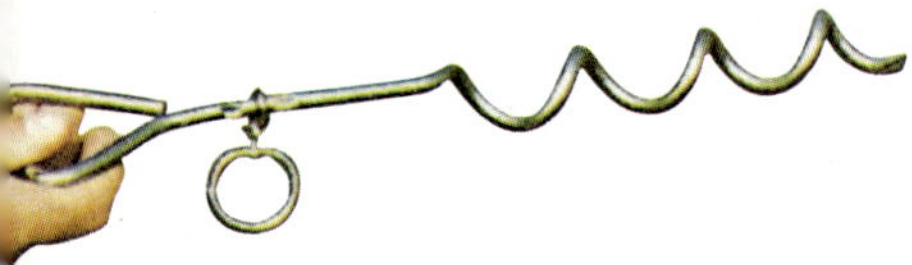

Le piquet permet d'accélérer l'apprentissage du « couché libre » mais ne doit être utilisé que dans les cas désespérés, car il ne permet pas au chien de bien exécuter l'exercice lorsqu'il est détaché

Je déconseille formellement l'usage du piquet. S'il est vrai que cela aide le chien à apprendre plus vite la signification de l'ordre donné, il est vrai également que ce dernier sait qu'il est attaché au piquet (il peut ne pas s'en rendre compte les premières fois, mais très vite il comprendra). Ainsi, dès qu'on enlève le piquet, on se retrouve au point de départ !

Si un bon rapport s'est instauré avec le maître, le Rottweiler n'aura pas besoin d'être enchaîné pour apprendre le « pas bouger ». Dans la négative, il faudra revenir plus loin en arrière et s'efforcer d'instaurer ce rapport essentiel, sans chercher à « tricher » par divers stratagèmes.

Quelques dresseurs préfèrent enseigner le « pas bouger » en partant de la position couchée ; d'autres préfèrent commencer avec le chien assis ou debout.

Mon conseil, ici, est d'essayer, puis d'ajuster en fonction et du caractère du chien et des réactions observées en diverses situations. C'est comme cela que vous découvrirez quelle est la bonne méthode pour lui.

« Pas bouger » quand le chien est debout

Cette méthode est préconisée dans le cas de chiens ayant avec le conducteur un rapport très franc et privé de soumission. C'est également la méthode la plus adaptée pour certains chiens anxieux lors de séparations d'avec leur maître ou acceptant difficilement de voir ce dernier s'éloigner. Le « pas bouger » debout, en effet, tranquillise le chien car il sait qu'il pourra rejoindre rapidement son maître en cas de besoin.

Commencez une conduite sans laisse en gardant à la main le jouet favori du chien. À un moment, ralentissez l'allure jusqu'à pratiquement vous arrêter et montrez au chien le jouet que vous tiendrez à bout de bras au-dessus de votre tête, en bougeant éventuellement un peu le bras (mais pas trop, sinon le chien se mettra à sauter). En même temps, tendez l'autre bras vers le museau du chien et donnez l'ordre « pas bouger », puis reculez lentement (toujours tourné vers le chien).

Si vous parvenez à une bonne synchronisation entre les mouvements et la voix, le chien alors se « paralysera » en attendant que le jouet lui soit lancé ou cédé, et vous, vous aurez atteint votre objectif.

Les premières fois, il suffira de reculer de deux ou trois pas. Au fil des leçons, vous augmenterez graduellement la durée de l'exercice et la distance parcourue, jusqu'à ce que le chien ait mémorisé l'ordre et qu'il ne soit plus nécessaire de lui montrer le jouet. Gardez-le cependant toujours avec vous et sortez-le de temps en temps, afin que le chien continue de faire l'exercice avec joie.

Lors des toutes premières leçons, bien sûr, vous donnerez très souvent le jouet, mais pas tout le temps non plus, sinon le chien finirait par venir vers vous pour anticiper ce moment.

« Pas bouger » avec le chien couché (ou couché libre)

Choisissez cette méthode si le chien est très réactif et dynamique, ou si la vue de la balle lui fait perdre totalement la tête !

Lors d'une conduite à la laisse, arrêtez-vous, mettez le chien assis, puis couché. Donnez-lui alors l'ordre « pas bouger » en tendant une main vers son museau et en reculant de quelques pas, toujours tourné vers le chien.

Si le chien tente de se lever, donnez-lui un « non » sec, puis de nouveau l'ordre « pas bouger » et ainsi de suite jusqu'à ce qu'il comprenne qu'il doit rester immobile.

Les phases successives seront les suivantes :

- augmenter graduellement la distance (jusqu'à environ trente mètres) ;
- ne plus reculer mais marcher en avant, tout en gardant la tête tournée vers le chien afin de le surveiller ;

– marcher en avant et regarder devant soi (seulement quand vous serez sûr que le chien reste à sa place).

Lorsque vous serez à distance du chien, n'oubliez pas de rester *absolument immobile*.

Au terme de l'exercice, rappelez le chien (voir « Rappel »).

L'exercice n'est pas particulièrement difficile pour un chien tranquille et équilibré. Il peut l'être, en revanche, pour des sujets présentant de petits troubles caractériels, comme l'anxiété de la séparation. Dans ces cas-là, il est conseillé de faire, en parallèle du dressage, des séances thérapeutiques chez un comportementaliste afin de faire disparaître le trouble.

Erreurs à ne pas commettre

• Répéter trop souvent l'exercice pour épater la galerie et montrer comme votre chien est habile ! Cet exercice n'étant pas particulièrement agréable au chien, contentez-vous de le lui faire exécuter une à deux fois par jour au maximum, surtout en phase d'apprentissage.

• Trop soumettre le chien par crainte qu'il ne se lève et vous suive.

Froid, de l'élevage Bernardelli (championnat d'Italie de beauté, HDB, ZTP, SCH 1). Propriétaire : Loris Ferraroni

Couché libre avec distraction

C'est un exercice de compétition. Durant l'épreuve de travail, le chien devra rester immobile à sa place tandis qu'un autre conducteur pénètre dans l'enceinte avec son chien et commence à lui faire exécuter les exercices d'obéissance.

Le couple chien-maître, qui apparaît pour tenter de distraire le chien, devra s'approcher de lui petit à petit

Ce genre d'exercice est-il bien utile pour un Rottweiler de compagnie ?

Eh bien oui, car il sert à mesurer le contrôle que l'on a sur le chien. Il faut l'aborder dès que le chien sait rester en « couché libre » durant plusieurs minutes avec le plus de tranquillité et de sérénité possibles.

Exigeant la présence d'un deuxième conducteur avec son chien, cet exercice s'effectue plus facilement en camp de dressage.

Mettez le chien couché, puis éloignez-vous d'environ quarante pas, en restant dans le champ de vision du chien, et faites entrer dans l'enclos un autre conducteur avec son chien (essayez de varier le plus possible les conducteurs et chiens étrangers).

Le binôme étranger fera les exercices d'obéissance, d'abord très éloigné du chien, puis petit à petit se rapprochera. Vous serez prêt à intervenir par un ferme rappel à l'ordre (« non ! couché ! ») toutes les fois que votre chien fera mine de se lever.

Vous devrez arriver au point que le chien se désintéresse totalement de ce qui se passe autour de lui. Il faudra donc corriger votre chien par un « avertissement oral » toutes les fois qu'il lèvera la tête pour suivre les évolutions de l'autre sujet, dès qu'il hérissera le poil ou qu'il donnera un quelconque signe d'intérêt.

Lorsque vous aurez obtenu un résultat impeccable, vous pourrez faire l'exercice en vous cachant de lui (utilisant une cachette d'où vous pourrez le surveiller sans qu'il ne vous voie), prêt à intervenir en cas d'erreur.

C'est petit à petit que vous arriverez à un bon résultat. Trop de hâte peut tout gâcher.

Rappel

L'exercice est le suivant : mettre le chien couché, s'éloigner de quarante pas environ et le rappeler à soi au bout de quelque temps. Le chien devra courir vivement et s'asseoir face à vous. L'exercice gaiement en agitant le jouet. Le chien devra se précipiter dans votre direction.

À peine arrivé, vous ordonnerez « assis », accompagnant éventuellement l'ordre d'un haussement de la main en tenant le jouet à la hauteur de votre poitrine. Le chien doit

• Le chien ne vient pas ou s'approche d'un pas mou, les oreilles baissées et le regard triste. Cette attitude signifie que vous n'avez pas instauré un bon rapport avec le chien. Il faut alors tout recommencer et insérer des jeux durant le travail.

Les trois phases du rappel : « couché », « viens », « assis »

requiert une série d'ordres donnés : *platz – steh – komm* (ou « *hier* ») – *sitz* ou, en français, couché – pas bouger – viens – assis.

Mettez le chien en « couché libre » en lui montrant son jouet et éloignez-vous d'environ quarante pas. Attendez un petit moment et rappelez-le s'asseoir le plus près possible de vous.

Si tout s'est bien déroulé, vous pourrez lancer la balle au chien et vous congratuler mutuellement. Mais les choses ne se déroulent pas toujours parfaitement. Voyons un peu tous les cas de figure possibles.

• Le chien vient d'un pas allègre mais sans courir.

On peut remédier à ce genre de défaut en reculant de quelques petits pas rapides tandis que le chien s'approche de vous, afin qu'il soit contraint d'augmenter l'allure pour vous rejoindre plus vite.

• Le chien court vers vous mais s'assied au loin ou bien s'assied « de biais » par rapport à vous. Il faut là aussi reculer un peu et montrer la balle tenue à bout de bras.

Pour améliorer l'exécution du rappel chez un chien peu vif, le conducteur peut reculer de quelques pas, tandis que le chien se dirige vers lui. Cela incite l'animal à augmenter l'allure

• Le chien arrive et vous saute dessus.

Bien qu'étant considéré comme erroné, ce comportement est une belle preuve qu'un rapport profond d'amitié s'est noué entre le chien et son maître. Ne punissez donc jamais votre chien s'il se comporte de la sorte, mais ordonnez-lui « assis ! », puis donnez-lui sa balle.

Après l'assise en face, le chien devra, tout au moins en

Une excessive exubérance du chien quand il arrive vers son maître ne doit jamais être punie mais juste corrigée. Ce symptôme, somme toute très positif, est la preuve vivante qu'un bon rapport s'est instauré entre le Rottweiler et son maître

Le chien peut revenir à la position de base de deux manières : en tournant autour du conducteur…

compétition, revenir à sa position « de base », c'est-à-dire assis à votre flanc gauche.

Pour obtenir ce résultat, là encore, vous pouvez employer deux méthodes différentes :

1. Faire passer le chien derrière vous.

Tenant le chien par le collier, faites un petit pas en arrière avec la jambe droite puis un petit pas en avant avec la gauche, tandis que vous faites passer le chien derrière vous, puis donnez l'ordre « *fuss* » ou « au pied ». Empoignez le collier du chien d'abord de la main droite puis passez à la main gauche quand le chien est dans votre dos.

2. Faire tourner le chien sur lui-même.

... ou en tournant sur lui-même

Dans ce cas également, il faudra empoigner le collier du chien de la main gauche et le tirer vers votre jambe gauche en lui faisant accomplir un tour en U.

Quand le chien aura compris la signification de cet ordre, vous n'aurez plus besoin de le tenir par le collier, mais vous pourrez encore, pendant quelque temps, accompagner l'ordre d'un léger mouvement du bras ou des jambes. Attention à ne pas exagérer la mimique, car le chien finirait par la prendre pour un élément constitutif de l'ordre et attendrait de vous cette gesticulation, plutôt inutile dans la vie de tous les jours et sévèrement pénalisée en compétition.

Erreurs à ne pas commettre

• Gronder ou punir le chien qui se trompe.

Chaque punition liée au concept de rappel détruit un peu plus votre rapport avec le chien. Ce dernier se mettra bientôt à croire que toutes les fois que vous l'appelez, c'est que vous êtes fâché contre lui. Inutile de préciser à quel point ce genre d'attitude mentale peut être destructrice pour l'animal. Si le chien ne suit pas correctement le rappel, ne le grondez absolument jamais, mais prenez une laisse de piste (longue d'environ 10 m) ou une corde de la même longueur. Une fois le chien appelé, tirez-le vers vous avec décision tout en gardant une attitude gaie et amicale, et félicitez-le toujours dès qu'il arrive. De cette manière, le chien sera, certes, contraint d'obéir mais il se convaincra aussi que vous l'appelez pour le caresser et le faire jouer. Quelques leçons plus tard, la corde sera devenue inutile et le chien aura retrouvé une attitude mentale tout à fait normale.

Exercices avancés d'obéissance

Envoi en avant

Cet exercice consiste à inviter le chien à courir en ligne droite devant vous dès que vous lui en donnez l'ordre, puis à s'arrêter (toujours sur votre ordre) et à se mettre en position « couchée », après une course de 50 m environ. Si le chien aime sa balle par-dessus tout (ou un autre jouet), l'exercice sera relativement aisé, sinon il faudra un peu plus de temps.

L'ordre est « *voraus* » ou « va ». Il faut ici travailler dans un enclos assez vaste, long d'au moins 50 m, au bout duquel vous aurez construit une sorte d'estrade par un simple monticule de terre (ou encore en mettant un carton renversé).

Froid, de l'élevage Bernardelli (champion d'Italie de beauté, HDB, ZTP, SCH 1). Propriétaire : Loris Ferraroni

Commencez par une conduite sans laisse en amenant avec vous le jouet préféré du chien (mettons sa balle), puis déplacez-vous vers l'extrémité opposée à celle où vous avez placé l'estrade, et arrêtez-vous à environ 10 mètres de la clôture.

Montrez alors la balle au chien tout en lui donnant l'ordre « assis, pas bouger ! », et dirigez-vous (sans courir) vers l'estrade où vous déposerez la balle.

Revenez rapidement vers le chien, mettez-lui sa laisse, revenez en arrière de quelques pas de course, puis prenez la direction de la balle et donnez-lui l'ordre « va ! » tout en le libérant, et courez avec lui jusqu'à la balle. L'ordre d'envoi en avant peut être accompagné du geste du bras tendu dans la direction que doit prendre le chien.

Envoi en avant

Le « couché » final après l'envoi, sur ordre du conducteur

À peine le chien a-t-il rejoint la balle que vous donnerez l'ordre « pas bouger ! ».

Attention : il est important que le chien voit toujours la balle (c'est pour cela qu'on la place sur une estrade). S'il la perdait de vue, il se mettrait alors à la chercher en furetant par terre et ne parviendrait jamais à comprendre l'exercice.

Au fil des leçons, vous parviendrez petit à petit à faire partir le chien sans qu'il ne vous voie mettre la balle sur l'estrade, puis vous pourrez supprimer l'estrade et donnerez alors la balle au chien une fois l'exercice terminé. Enfin, vous obtiendrez que le chien parte simplement sur l'ordre et le geste de la main, sans plus devoir courir avec lui.

Si votre chien n'aime pas jouer avec une balle, vous pourrez substituer cette dernière par un délicieux morceau de viande. L'exercice se déroulera de la même façon, simplement l'apprentissage sera peut-être un peu plus long.

Rapport

Le rapport n'est pas un jeu mais un exercice, et plutôt complexe. Il s'agit de lancer au loin un objet de forme allongée rappelant le bâton, alors que le chien est assis à votre flanc gauche. Sur votre ordre, le chien ira rapidement chercher l'objet et reviendra s'asseoir en face de vous en le tenant fermement dans sa gueule. Puis, sur un autre ordre de votre part, le chien donnera l'objet et reviendra à sa position de base, c'est-à-dire assis à votre flanc gauche.

L'exercice sera d'autant plus facile à assimiler pour l'animal que ce dernier sera doté d'un fort instinct prédateur et/ou qu'il aura été habitué, depuis tout petit, à jouer avec des objets.

Il faut donc s'armer de beaucoup de patience et ne pas se décourager si les débuts sont difficiles.

Les ordres sont « *bring – aus – fuss* » ou « apporte – donne – au pied ».

Il y a mille façons d'apprendre le rapport à un chien. Je vous décrirai ici la méthode conseillée pour les chiens joueurs, car je suppose que votre Rottweiler est de ceux-là.

Revenons à notre camp de dressage où vous amènerez avec vous deux objets.

Commencez par une conduite à la laisse, arrêtez-vous et faites asseoir le chien. Détachez la laisse et lancez le premier objet à trois ou quatre pas devant vous.

Vous pouvez donner l'ordre « *steh* » ou « pas bouger » avant le lancer, mais, avec un chien très vif, il vaut mieux garder une main sur le collier afin de l'empêcher de partir immédiatement à la poursuite de l'objet.

Attendez quelques instants et donnez l'ordre « *bring* » ou « apporte » : le chien, bien sûr, ne comprend pas la signification du mot, mais s'il aime jouer avec les objets, il s'élancera spontanément vers le bâton.

Plusieurs cas de figure peuvent alors se produire.

• Le chien prend le bâton dans sa gueule et se tourne vers vous. Dans ce cas (idéal), répétez l'ordre « apporte » en reculant ou en lui tournant carrément le dos pour l'inviter à venir près de vous.

Si le chien laisse tomber l'objet (ce qui arrive neuf fois sur dix), tirez le second objet de votre poche et lancez-le-lui, puis allez chercher le premier bâton, mais seulement quand le chien est parti à la recherche du second. Le chien ne doit absolument jamais vous voir ramasser le premier bâton.

Si le chien se tourne vers vous en continuant de tenir l'objet dans sa gueule (comme c'est souvent le cas avec les Rottweilers très possessifs), donnez-lui l'ordre « assis ». S'il s'assied et laisse tomber le bâton, procédez alors comme précédemment et lancez-lui un autre bâton à aller chercher.

S'il s'assied en gardant l'objet dans sa bouche, donnez-lui l'ordre « donne » d'un ton ferme et décidé, mais ne cherchez pas à le lui ôter vous-même de la bouche. Chez un chien possessif, ce geste donnerait lieu immédiatement à une version aussi contraignante et nocive du « tirer à soi » que désagréable pour l'animal. Il vaut mieux, ici, continuer à caresser le chien sur la tête, en tenant l'autre main sous le menton, prête à attraper l'objet que votre ami finira bien par laisser tomber.

On peut considérer alors que le plus dur est fait. Au cours des leçons successives, le chien apprendra petit à petit à attendre l'ordre pour partir chercher l'objet et à s'asseoir face à vous, le bâton dans la gueule, et à le « donner » à votre commandement seulement.

Le secret de la réussite, ici, est de faire croire au chien qu'il s'agit d'un jeu. Ainsi, bannissez absolument les corrections trop sévères, ne soyez pas pressé d'obtenir des résultats et évitez de répéter l'exercice trop souvent pour ne pas lasser le chien.

• Le chien prend l'objet dans sa bouche mais ne vient pas vers vous et s'échappe au loin, ou encore se met à ronger le bâton sans bouger.

Il faut donner tout de suite l'ordre de rappel, en faisant quelques pas en arrière pour stimuler le chien et le faire courir vers vous. Une fois le chien face à vous, procédez comme dans le cas précédent.

• Le chien accourt mais n'apporte pas le bâton. Retournez avec lui vers l'objet et faites-le aller et venir autour du bâton pour l'inciter à le prendre dans sa gueule.

• Le chien ne court pas. Ni lui ni vous n'êtes encore vraiment prêts pour cet exercice. Perfectionnez d'abord l'obéissance, en particulier le rappel.

Phases successives du rapport

Erreurs à ne pas commettre

Punir le chien dans l'exercice du rapport ou encore le gronder trop sévèrement. Les erreurs éventuelles, comme de ramener le bâton en le tenant par un bord et non au centre, sont à corriger avec beaucoup de tact et de douceur. Il vaut toujours mieux louer un chien quand il a bien « travaillé » que de le punir quand il se trompe.

Saut en l'air et saut avec rapport

Sur votre commandement, le chien doit sauter un obstacle d'une hauteur comprise entre 70 cm et 1 m, à l'aller et au retour.

Le chien doit sauter aussi pour aller prendre un objet qu'il rendra après avoir à nouveau sauté l'obstacle au retour.

Les ordres sont « hop ! » et « *bring* », ou « apporte ».

L'obstacle doit être construit sur une base très stable, en général en fer, sur laquelle on insère des montants en bois, d'une vingtaine de centimètres environ, afin de pouvoir varier la hauteur.

Tous les chiens savent sauter et ils le font spontanément quand ils doivent dépasser un obstacle jusqu'à environ 1 m de hauteur. Plus haut, ils préféreront ramper dessous ! Tout ce que vous avez à faire ici est d'apprendre au chien à accomplir ce geste sur commande.

Commencez par une conduite à la laisse et dirigez-vous vers l'obstacle, que vous aurez réglé au plus bas (à environ 20 ou 30 cm du sol). Arrivés devant l'obstacle, allongez le pas et sautez vous-même avec le chien en laisse, en donnant l'ordre « hop ! ». Le chien vous suivra, et vous le féliciterez beaucoup. S'il ne vous suit pas et contourne l'obstacle, recommencez en raccourcissant la laisse. L'obstacle étant très bas, il n'y a aucune raison pour que le chien ne vous suive pas.

Si le chien saute volontiers, vous n'aurez aucun mal à parvenir à une hauteur de 40-50 cm au bout de une ou deux leçons et vous répéterez alors l'exercice aller et retour.

Exécution du saut avec rapport

Quand le fait de sauter avec vous lui sera devenu tout à fait naturel, vous pourrez passer à la phase suivante : le chien saute l'obstacle mais vous, vous le contournez, en faisant attention à lever la laisse pour qu'elle ne gêne pas le chien. Si le chien est déjà bien habitué à la conduite sans laisse et qu'il aime sauter, vous pouvez alors abandonner la laisse complètement.

La troisième phase consiste à faire sauter le chien tandis que vous restez de l'autre côté de l'obstacle. Quand le chien aura bien compris l'exercice, vous pourrez alors commencer à rehausser graduellement l'obstacle jusqu'à 1 m, puis faire s'asseoir le chien face à vous à son retour pour revenir en position de base (des exercices qu'il connaît déjà bien).

La dernière phase consiste à relier l'exercice du saut à celui du rapport. Mettez-vous face à l'obstacle (bas) avec le chien assis et le bâton de rapport en main, en ayant eu soin auparavant de fixer une vis munie d'un crochet sur le côté extérieur du bâton. Vous mettrez la laisse ou une corde au crochet.

Lancez le bâton muni de sa corde de l'autre côté de

l'obstacle, en gardant en main l'extrémité de la ficelle, puis donnez l'ordre : « apporte ! ».

Le chien, très probablement, sautera l'obstacle et ramènera le bâton. Il se peut néanmoins que, l'objet entravant quelque peu son agilité, il hésite à sauter au retour.

Voilà pourquoi vous tirerez doucement à vous la ficelle attachée au bâton (qui se trouve alors dans la gueule du chien), tout en invitant le chien à sauter l'obstacle.

Quelques leçons plus tard, le chien aura compris ce qu'il faut faire et vous pourrez lui lancer un bâton normal.

Palissade

Cet exercice n'apparaît qu'à partir du second brevet de travail. Le chien doit dépasser une palissade, à l'aller comme au retour, pour aller chercher un objet lancé par le conducteur.

La palissade est un obstacle d'inclinaison variable, qui répond à des critères précis de dimension et de forme. Étant assez coûteuse à l'achat et difficile à réaliser soi-même, je ne saurais trop vous conseiller ici d'effectuer cette phase du travail d'obéissance en camp de dressage.

La technique est pratiquement identique à celle du saut avec rapport. Les premières leçons se dérouleront avec le chien en laisse et la palissade pratiquement complètement ouverte, l'inclinaison étant

ainsi très faible. Vous commencerez par passer vous-même la palissade avec le chien, puis la contournerez, pour enfin laisser le chien la franchir tout seul.

À la moitié du travail environ (quand la palissade est encore basse), vous insérerez le lancer du bâton, la technique de rapport étant la même que pour celle du saut.

Quand le chien exécutera correctement l'exercice avec une hauteur minimale, vous pourrez commencer à hausser la palissade en augmentant son inclinaison.

Dans cet exercice, vous ne pouvez pas faire grand-chose pour aider le chien : c'est à lui de se « faire les pattes » sur cette palissade et de trouver le meilleur moyen de la franchir.

De votre côté, veillez à ne pas trop le fatiguer et à lui faire trouver l'exercice divertissant.

Une aide utile pour le chien, quand la palissade est déjà un peu haute, est de se placer de l'autre côté et de se faire apercevoir par le chien en sautant si besoin est pour qu'il voie votre tête. Le reste viendra tout seul, car, en fin de compte, tout cela n'est affaire que d'entente entre le chien et son maître, et de sensibilité comme de patience de part et d'autre.

S'il ressemble beaucoup au saut avec rapport, l'exercice de la palissade présente toutefois des difficultés supplémentaires, l'une d'elles étant que le chien ne peut voir, au départ, l'objet à aller chercher de l'autre côté. C'est une des raisons pour lesquelles il n'est abordé qu'en programme de dressage avancé

À L'ÉCOUTE DE SON CHIEN

Malgré toutes les informations qu'il contient, ce livre, à mon sens, ne couvre qu'un dixième du sujet… et du dressage proprement dit, il ne donne qu'un mince aperçu. Non que je sois plus ignorante qu'un autre, ou particulièrement incompétente en la matière, mais je considère à sa juste mesure l'étendue du domaine, et vraiment, je puis vous dire qu'il est vaste ! Car le chien est à lui seul tout un monde, complexe et plein de nuances, très difficile à cerner par d'autres êtres, en l'occurrence ces hommes qui vivent dans un monde si différent du sien et n'éprouvent pas les mêmes sensations.

Pour l'homme occidental, il est déjà difficile de « comprendre » réellement un Japonais, et je ne parle ici même pas de la langue, mais juste des différences culturelles et de mentalité. Le Japonais appartient bien à la même espèce que l'homme occidental, et pourtant, il faudra à ce dernier des années et des années pour commencer seulement à comprendre comment on raisonne au pays du Soleil levant, et percevoir ce que ce peuple ressent. Imaginez alors la difficulté quand il s'agit de comprendre une autre espèce vivante, une espèce qui voit avec le nez plutôt qu'avec les yeux et se meut dans un univers que nous ne pouvons même pas concevoir. Comprendre un chien, croyez-moi, est à peu près aussi facile que de comprendre l'habitant d'une autre galaxie.

Malgré tout, après un millénaire de cohabitation, l'homme a pu établir un bon rapport avec le chien et cela surtout grâce au bon caractère du chien. Car c'est un animal d'une grande docilité, loyal, prêt à donner des tonnes d'amour quand bien même nous n'en méritions que quelques grammes.

L'homme lui dit « assis » et le chien comprend qu'il doit s'asseoir, « couché » et il s'allonge instantanément. Mais quand le chien dit « wouah ! », l'homme, au bout de douze mille ans, n'a toujours pas la moindre idée de ce que l'animal veut lui dire. C'est cette ignorance qui fait que l'homme se trompe souvent. Et quand il se trompe, il réussit à transformer un être doux en un danger potentiel ou réel, et tout cela parce que le chien l'aime et a confiance en lui.

Eh bien, je trouve que la moindre des choses serait de se tromper un peu moins ! Et ce n'est somme toute pas si difficile, si tant est que l'on suive deux directives majeures avant d'acheter un chien.

La première est de lire, étudier et s'informer sur le chien. La seconde (et je l'ai déjà répété cent fois dans ce livre !) est de prendre conscience de la responsabilité qui incombe à toute personne qui prend un chien, de ne pas raisonner superficiellement et de ne jamais s'engager à la légère.

Si vous êtes arrivé au terme de cet ouvrage, j'ose supposer que vous avez le sens des responsabilités ainsi qu'un certain désir d'apprendre. Alors je ne vous ferai qu'une recommandation : continuez dans cette voie !

Aux côtés de votre ami Rottweiler, vous pourrez continuer d'apprendre, d'approfondir vos connaissances, découvrir d'autres points de vue et d'autres horizons de la planète chien. La route est longue et pleine d'obstacles, mais, croyez-moi, le jeu en vaut la chandelle.

Je n'ai fait, par ce livre, que vous aider à franchir ce premier pas vers la grande aventure. Il ne me reste plus qu'à vous souhaiter bonne route !

Le standard et les conseils du vétérinaire

LE STANDARD

TRADUCTION : MICHÈLE LÉVY AVEC LA COLLABORATION DU PROFESSEUR R. TRIQUET ET DU DOCTEUR J.-M. PASCHOUD

Standard FCI n° 147 du 16 janvier 1996

Origine : Allemagne

Utilisation : chien de compagnie, de défense et d'utilité.

Classification FCI : groupe II (Schnauzer et Pinscher molossoïdes et chiens de bouvier suisses).
Section 2.1 molossoïdes, type Dogue. Avec épreuve de travail.

Aspect général

Le Rottweiler est un chien de taille moyenne à grande, ni lourd ni léger, ni haut sur pattes ni levretté. De proportions harmonieuses, son aspect trapu et vigoureux laisse présager force, souplesse et endurance.

Proportions importantes

La longueur du tronc mesurée de la pointe du sternum à la pointe de l'ischion ne doit dépasser la hauteur au garrot que de 15 % au maximum.

Comportement et caractère

D'humeur aimable et paisible, il aime les enfants ; il est très attaché, obéissant docile et travaille avec plaisir. Son apparence trahit une robustesse naturelle. Il est sûr de lui, jouit d'un équilibre nerveux parfait et est difficile à impressionner. Il réagit avec beaucoup d'attention à ce qui l'entoure.

Tête

Région crânienne

Crâne : de longueur moyenne, large entre les oreilles ; de profil le front est modérément convexe. Protubérance occipitale bien développée, sans saillie prononcée.

Stop : bien marqué.

Région faciale

Chanfrein : rectiligne à base large, diminuant modérément de largeur d'arrière en avant.

Truffe : bien développée, plutôt large que ronde, aux narines relativement grandes. Elle est toujours noire.

Museau : il ne doit être ni trop long ni trop court par rapport au crâne. Lèvres noires bien serrées, commissures labiales fermées ; gencives foncées autant que possible.

Mâchoires : puissantes et larges, autant l'inférieure que la supérieure.

Joues : arcades zygomatiques bien marquées.

Denture : puissante et complète (42 dents). Les incisives supérieures s'articulent en ciseaux sur celles de la mâchoire inférieure.

Yeux : de grandeur moyenne, en amande, de couleur brun foncé, paupières bien appliquées contre le globe oculaire.

Oreilles : moyennes, pendantes, triangulaires, très écartées l'une de l'autre et attachées haut. Ramenées devant et bien accolées, elles font paraître la tête plus large qu'elle n'est en réalité.

Cou

Puissant, de longueur moyenne, bien musclé, avec profil supérieur du cou légèrement bombé. Il est sec, sans fanon ni laxité de peau à la gorge.

Corps

Dos : droit, puissant et ferme.

Rein : court, fort et haut.

Croupe : large, de longueur moyenne, légèrement arrondie. Elle ne doit être ni rectiligne ni avalée.

Cage thoracique : spacieuse, large et bien descendue (environ 50 % de la hauteur au garrot) avec un poitrail bien développé et des côtes bien cintrées.

Ventre : flancs pas retroussés.

Queue : coupée court, en conservant juste une ou deux vertèbres. Dans les pays où la loi interdit la caudotomie (ablation de la queue), la queue naturelle peut être conservée.

Membres

Membres antérieurs

Généralités : vus de face, les membres antérieurs sont droits et non serrés. Vu de profil l'avant-bras est vertical. L'omoplate fait avec l'horizontale un angle d'environ 45°.

Épaule : bien placée et bien attachée.

Bras : bien appliqué contre le tronc.

Avant-bras : vigoureusement développé et bien musclé.

Métacarpe : légèrement élastique, puissant, un peu incliné.

Pieds : ronds, avec les doigts bien serrés et cambrés ; coussinets fermes ; ongles courts, noirs et solides.

Membres postérieurs

Généralités : vus de derrière, les membres postérieurs sont droits et non serrés. En station libre, les articulations coxo-fémorale, fémoro-tibiale (grasset), et tibio-tarsienne (jarret) forment des angles obtus.

Cuisse : de longueur moyenne, large et fortement musclée.

Jambe : longue, puissante et large par sa musculature, elle se termine par un jarret puissant, correctement angulé aux tendons solides. Il ne doit pas être trop droit.

Pieds : légèrement plus longs que ceux de devant, également avec des doigts forts, cambrés et bien serrés.

Allures : le Rottweiler est un trotteur. À cette allure, le dos reste ferme et relativement immobile. L'allure est harmonieuse, franche, puissante et dégagée, avec une bonne amplitude.

Peau : sur la tête, la peau est bien tendue ; dans des moments de grande attention elle peut former de légères rides sur le front.

Robe

Poil : la robe est formée par le poil de couverture et le sous-poil. Le poil de couverture est de longueur moyenne, dur au toucher, lisse et bien serré contre le corps. Le sous-poil ne doit pas dépasser le poil de couverture. Les poils sont un peu plus longs aux membres postérieurs.

Couleur : noire, avec des marques feu bien délimitées d'un ton brun-roux soutenu sur les joues, le museau, le dessous du cou, le poitrail, les membres, ainsi qu'au-dessus des yeux et en dessous de la racine de la queue.

Taille et poids

Hauteur au garrot des mâles : 61 à 68 cm. 61-62 cm : petit ; 63-64 cm : moyen ; 65-66 cm : grand (taille souhaitée) ; 67-68 cm : très grand.

Poids du mâle : 50 kg environ.

Hauteur au garrot des femelles : 56 à 63 cm. 56-57 cm : petite ; 58-59 cm : moyenne ; 60-61 cm : grande (taille souhaitée) ; 62-63 cm : très grande.

Poids de la femelle : 42 kg environ.

Défauts

Tout écart par rapport à ce qui précède doit être considéré comme un défaut qui sera pénalisé en fonction de sa gravité.

Il est très important, pour le maître, de détecter le moindre signe de faiblesse afin de pouvoir alors arrêter de faire travailler son chien. Comme toutes les races, le Rottweiler est plus sensible à certaines pathologies que d'autres. Vous les trouverez détaillées ci-après afin de pouvoir plus facilement les prévenir.

Votre Rottweiler boite

Chez ces grands chiens, l'appareil locomoteur est souvent mis à rude épreuve. Le premier signe de faiblesse devant vous alerter sera la boiterie.

Savoir diagnostiquer une boiterie

Comment boite-t-il ?

Les boiteries sont nombreuses. Un chien peut présenter une boiterie avec ou sans appui, une boiterie à froid ou à chaud, une boiterie avec ou sans douleur... On se rend immédiatement compte que l'analyse de la boiterie passe par l'observation de la démarche de l'animal.

Les boiteries du jeune représentent une pathologie très importante chez le Rottweiler et peuvent être un handicap à vie si elles ne sont pas traitées ; la dysplasie en est une des origines les plus fréquentes.

Hérédité, sélection et alimentation jouent un rôle prépondérant dans la prophylaxie des affections locomotrices se manifestant par des boiteries dès le plus jeune âge.

La localisation de la boiterie

• La première chose à faire est de détecter dans quel membre siège la boiterie : avant, arrière, puis droite ou gauche. Il faut pour cela observer la démarche du chien. Vous ne remplacez pas le vétérinaire, mais vous apprenez ainsi à connaître votre animal.

Si la boiterie est sans appui, la localisation est évidente.

L'animal reporte toujours son poids sur le côté non atteint et le côté atteint présente toujours une fonte musculaire car l'animal s'en sert moins.

Un chien boitant de l'épaule droite s'appuiera donc sur l'épaule gauche qui apparaîtra plus musclée que la droite.

• Puis, il faut déceler le niveau exact de l'affection : vient-elle de l'articulation, de l'os, du muscle... ? Seule une manipulation délicate et la recherche d'une douleur peuvent vous y aider.

• Une troisième étape permettra de diagnostiquer la boiterie en trouvant l'étiologie, c'est-à-dire l'affection responsable, puis de la traiter.

Un diagnostic précis ne pourra être fait que par un vétérinaire.

Il faut toujours suspecter cinq structures différentes : les os, les muscles, les ligaments, l'articulation, les nerfs.

Les boiteries de l'épaule se situent au niveau de *l'articulation* entre l'omoplate et l'humérus, l'os de la patte avant. Ainsi, l'épaule peut se luxer. Dans ce cas, la boiterie est sans appui, le membre relevé.

Les *muscles* équivalant aux pectoraux peuvent être en cause sur un chien exerçant des sauts par exemple, et qui aurait glissé les deux pattes avant écartées.

L'*ostéochondrite disséquante* est une affection touchant les chiens de grand gabarit, dont le Rottweiler, et qui entraîne une boiterie dès douze mois. Elle se manifeste

Il est important de déceler la moindre faiblesse chez un chien pour lui faire cesser le travail aussitôt (© Lanceau/Cogis)

également au niveau de l'épaule.

Au niveau du coude, des *luxations* ou *fractures* sont fréquentes.

Les *ligaments croisés*, au niveau du genou, sont souvent très sollicités et les départs style course de 100 mètres ne sont pas très appréciés.

Les causes de la boiterie

Les malformations congénitales

Elles sont fondamentales en élevage car elles revêtent parfois un caractère héréditaire. En effet, « congénital » signifie existant à la naissance mais pas obligatoirement transmissible héréditairement.

La boiterie se manifeste dans ce cas en général avant que le chiot ait douze mois.

Le cas le plus fréquent est celui de la *dysplasie coxo-fémorale*. La dysplasie coxo-fémorale, malformation articulaire, est due à un développement anormal de la hanche. La tête du fémur et le bassin présentent un défaut de contact, ce qui entraîne un mauvais fonctionnement de cette articulation. Les Rottweilers sont très exposés à cette pathologie. Chez le jeune chiot, la boiterie apparaît brutalement. Avant six mois, on note plutôt une modification de la démarche, puis une boiterie plus ou moins marquée. Le diagnostic se fait grâce à une radio. Un traitement chirurgical peut être envisagé. Chez l'animal plus âgé, la boiterie de dysplasie est plutôt liée à l'arthrose qui l'accompagne.

Les anomalies de croissance

• L'**ostéochondrose** est une affection touchant les chiots. Les cartilages de croissance situés au niveau des articulations se détruisent et des morceaux se libèrent dans l'articulation. Ils entraînent alors une inflammation de celle-ci qui se manifeste par une boiterie. La cause en est un défaut de nutrition du cartilage. Ce sont les races à croissance rapide, comme le Rottweiler, qui en sont le plus victimes. La boiterie apparaît entre cinq et sept mois. Une intervention chirurgicale consiste à retirer le bout de cartilage incriminé.

• L'**ostéodystrophie hypertrophique** se manifeste par une production osseuse excessive due à un apport en vitamine D trop important ou à un manque de calcium. Le symptôme apparaît vers six mois sous forme d'une boiterie et d'une atteinte de l'état général (fièvre). La radio confirmera le diagnostic. Un rééquilibrage alimentaire est nécessaire.

• L'**ostéofibrose juvénile** est un manque de minéralisation de l'os dû à une carence en calcium. Les symptômes apparaissent sur les grandes races vers trois mois. La boiterie n'est pas fixe, elle se déplace sur tous les membres.

Vous noterez donc l'importance de la sélection et de la prévention sur une race comme le Rottweiler, surtout si vous souhaitez le faire travailler.

Un cas spécifique : l'entropion-ectropion

Le Rottweiler peut être atteint de ces deux affections oculaires et cela peut le gêner dans une carrière de dressage et de travail. Le caractère héréditaire de ces affections conduit en outre à prendre certaines précautions pour les reproducteurs.

L'entropion et l'ectropion sont deux affections oculaires qui touchent les paupières et qui ont des répercussions sur le fonctionnement de l'œil.

La chirurgie oculaire reste une des seules solutions pour remédier à cette pathologie.

Les entropion et ectropion peuvent être héréditaires ou acquis.

Lorsqu'ils sont héréditaires, le mode de transmission est *dominant* et l'anomalie est congénitale. Elle s'exprime donc très rapidement après la naissance.

LE DIAGNOSTIC DE LA BOITERIE

• Il faut prendre en compte l'âge de l'animal.
– Toutes les boiteries sur des animaux de moins de six mois doivent faire penser à des malformations congénitales ou des affections des cartilages de conjugaison.
– Toutes les affections sur des chiens de plus de dix ans doivent faire suspecter de l'arthrose.

• Il faut ensuite examiner l'appui ou le non-appui. En règle générale, seule une radio pourra confirmer un diagnostic de boiterie.

• La boiterie est un signe alarmant pour un chien qui travaille physiquement.

HÉRÉDITAIRE, ACQUIS OU CONGÉNITAL ?

Une affection, quelle qu'elle soit, peut être héréditaire, congénitale ou acquise.

- L'hérédité est un phénomène très complexe. L'essentiel est de savoir qu'une affection héréditaire se transmet d'une génération à l'autre. Elle peut s'exprimer à la naissance ou durant la vie de l'animal. Mais elle peut aussi ne jamais ressortir et se transmettre en secret dans le cas d'un mode de transmission dit récessif.
- Une affection congénitale s'exprime forcément à la naissance mais n'est pas obligatoirement héréditaire.
- Une affection acquise fait suite à un événement de la vie (traumatisme, infection...) du chien et ne se transmet pas génétiquement.

DOMINANT OU RÉCESSIF : LES LOIS DE LA GÉNÉTIQUE

Les parents transmettent chacun la moitié des chromosomes à leurs petits.

Certaines anomalies dites « récessives » ne s'expriment physiquement que si les deux parents sont porteurs des gènes anormaux.

Il est, dans ce cas, très difficile de détecter le problème chez les parents car ce n'est que l'association des deux chromosomes porteurs qui entraîne l'apparition physique de l'anomalie chez le chiot.

Si seulement l'un des deux parents est atteint, l'anomalie reste secrète mais se transmet quand même d'une génération à l'autre.

Les anomalies dites « dominantes » s'expriment quand l'un des deux parents ou les deux portent le gène anormal.

La prévention est alors plus facile car l'apparition du défaut physique est systématique.

La structure de l'œil : un globe, des membranes, des protections

La structure de l'œil est assez simple. Chaque élément a une fonction très particulière.

Les *paupières*, inférieures et supérieures, sont mobiles sur le globe oculaire et en assurent la protection.

Elles sont bordées de cils sur le « bord libre », cils qui jouent le rôle de filtration.

La structure du globe oculaire en contact avec l'air est la *cornée*. C'est une fine membrane transparente et très fragile.

Le *cristallin* se situe derrière et forme une lentille également transparente, qui ne laisse plus passer les rayons lumineux lorsqu'elle s'opacifie (cataracte).

L'élément essentiel de la vision est la partie la plus postérieure de l'œil, sur laquelle se forment les images : la *rétine*. Son altération entraîne souvent la cécité.

La *conjonctive* est la muqueuse qui tapisse l'intérieur des paupières et qui n'est jamais en contact direct avec l'air.

En position normale, les cils sont dirigés vers l'extérieur et ne touchent donc jamais la cornée.

En cas d'**entropion**, ils vont entrer en contact avec cette structure et entraîner des inflammations.

En cas d'**ectropion**, la paupière ne jouera plus son rôle protecteur et la conjonctive sera exposée aux agressions extérieures.

L'entropion

C'est un enroulement vers l'intérieur du bord libre de la paupière. L'affection est souvent présente au niveau des deux yeux. On évoque alors un caractère « bilatéral ».

L'enroulement peut concerner toute la paupière ou seulement une partie.

Scientifiquement, on classe les entropions en fonction de leur intensité. L'entropion est dit « limité » lorsque le bord n'est retourné que de 45°, « modéré » lorsqu'il est de 90° et « grave » lorsqu'il atteint 180°.

Il est plus souvent situé sur la paupière inférieure mais peut atteindre la paupière supérieure.

Les symptômes

Les conséquences de cette pathologie sont un larmoiement permanent (appelé épiphora) ou une inflammation de la cornée (ou kératite) qui peut conduire à un ulcère. La paupière est sujette à des spasmes.

Les cils, qui se trouvent en contact anormal avec la cornée, font office de papier de verre. Ils frottent en permanence sur cette membrane très fragile.

Le premier stade est celui de la *kératite*. Il se forme alors une zone blanchâtre plus ou moins étendue. Des vaisseaux rouges apparaissent tout autour de la zone d'inflammation sur la cornée. L'œil réagit par un écoulement et une conjonctivite. Le deuxième stade est celui de *l'ulcère*. Un petit trou se creuse dans l'épaisseur de la cornée. L'ulcère n'est pas toujours évident à détecter à l'œil nu. Un test dit « test à la fluorescéine » est pratiqué par le vétérinaire. Un collyre de couleur orange est instillé dans l'œil puis rincé avec du sérum physiologique. Il vire alors au vert fluo. L'œil est bien rincé et si une tache verte persiste sur la cornée, cela met en évidence un trou dans lequel s'est logé le collyre.

Il sera important de traiter l'ulcère avant d'intervenir sur l'entropion.

L'origine

Le muscle appelé « muscle orbitaire » a parfois un tonus trop important et tire vers l'intérieur la paupière inférieure. Cette hypertonicité peut être cumulée, comme chez le Shar-Pei, avec une peau très lâche qui facilite l'enroulement de la paupière.

La microphtalmie (globe oculaire trop petit) peut aussi être à l'origine de l'entropion. Le globe oculaire laisse un espace libre dans lequel s'enroule la paupière. C'est le cas chez le Beauceron, le Dogue de Bordeaux, le Berger d'Écosse…

Il est très difficile de lutter contre la cause, on ne pourra donc qu'agir de façon curative et non préventive.

L'entropion acquis peut être entraîné par tout type de traumatisme.

Le traitement

La chirurgie s'impose pour l'entropion congénital. Les techniques sont diverses.

Pour l'entropion acquis, il faut en premier lieu établir un traitement visant à soigner la cause.

La technique chirurgicale
On pratique une incision sous la paupière, on retire un bout de peau et la suture de cette plaie artificielle permet d'exercer une traction sur la paupière qui se déroule. L'ablation du morceau de peau peut également se faire au niveau de l'angle externe de l'œil.

La dimension de l'incision est laissée à l'estimation du chirurgien. L'animal étant endormi, il faut envisager l'étendue de la suture avant l'anesthésie.

Les traitements médicaux
Les ulcères sont soignés avec des collyres cicatrisants de la cornée, un collyre antibiotique pour éviter les surinfections.

L'ectropion

C'est un enroulement vers l'extérieur du bord libre de la paupière inférieure.

Origine

La conjonctive, qui doit normalement être protégée en permanence par les paupières, se trouve alors en contact avec l'air. Une inflammation se développe donc très rapidement, entraînant le syndrome de l'œil rouge. Les vaisseaux sont dilatés, l'œil pleure.

Le traitement

La technique chirurgicale
Une incision en V est pratiquée sous la paupière, ce morceau de peau est ensuite décollé mais non enlevé. On le suture de façon à remonter le pli de peau vers la cornée. Les fils seront positionnés de telle sorte qu'ils ne touchent pas la cornée. Ils sont retirés dix jours après l'intervention.

Le traitement médical
Il consiste à traiter la conjonctive et les surinfections éventuelles.

L'aspect juridique de cette pathologie

L'entropion ou l'ectropion peuvent-ils être considérés comme des vices rédhibitoires ou cachés et annuler une vente ?

Les vices rédhibitoires sont déterminés par la loi. L'entropion et l'ectropion n'en font pas partie (voir encadré page suivante).

Mais si un chien a été acheté pour être un reproducteur et que cela a été mentionné sur le certificat de vente, l'entropion ou l'ectropion pourront être considérés comme des vices cachés si l'animal avait été opéré ou si cela ne se voyait pas au moment de la vente.

QU'EST-CE QU'UN VICE RÉDHIBITOIRE ?

Un vice rédhibitoire est un défaut inconnu de l'acheteur, grave et antérieur à la vente, et qui est répertorié légalement.

Un vice caché est un défaut caché rendant l'animal impropre à l'usage auquel il était destiné par l'acheteur (chien de chasse ayant peur des coups de fusil par exemple).

Les vices rédhibitoires des chiens sont :

- la maladie de Carré ;
- l'hépatite contagieuse (maladie de Rubarth) ;
- la parvovirose ;
- l'ectopie testiculaire (à plus de six mois) : cela définit la non-descente des testicules dans les bourses ; ils sont soit dans l'abdomen, soit sous la peau ;
- l'atrophie rétinienne : c'est une maladie oculaire qui, détruisant la rétine, peut conduire à la cécité en quelques années ;
- la dysplasie coxo-fémorale : anomalie de conformation de l'articulation de la hanche.

Si seulement l'un des deux parents est atteint, l'anomalie reste secrète mais se transmet quand même d'une génération à l'autre.

Les anomalies dites « dominantes » s'expriment quand l'un des deux parents ou les deux portent le gène anormal.

La prévention est alors plus facile car l'apparition du défaut physique est systématique.

Il existe alors trois procédures juridiques essentielles contre le vice rédhibitoire : l'action en garantie pour vice de consentement, celle pour vice rédhibitoire et celle pour vice caché (qui est un vice n'étant pas mentionné dans la liste légale).

Le vice de consentement se fait en cas de tromperie (appelée dol) par le vendeur ou d'erreur sur les qualités de l'animal acheté, celles-ci devant être stipulées sur le contrat de vente (animal destiné à la reproduction, à la vente, à la chasse…).

Vous devez alors vous présenter au greffe du tribunal d'instance du domicile du vendeur pour déposer une demande de nullité de vente dans un délai de cinq ans après la découverte du problème.

Il faut prouver que l'animal est impropre à l'usage souhaité.

Vous pouvez obtenir l'annulation de la vente ou le remboursement d'une partie du prix.

La confirmation est-elle possible ?

L'entropion et l'ectropion sont des défauts éliminatoires qui entraînent la non-confirmation.

Le Rottweiler et la parvovirose

Une maladie très contagieuse

Nous nous permettons d'insister sur cette affection car elle décime les élevages de Rottweilers. Il a en effet été démontré que cette race est très vulnérable au virus, plus que les autres, et que malheureusement elle n'est pas très sensible au vaccin : ce qui signifie que les chiots Rottweilers ont beaucoup de mal à s'immuniser contre ce virus.

La parvovirose est une maladie contagieuse, virale, et qui se caractérise par une diarrhée hémorragique et des vomissements. Elle est très dangereuse chez le chiot Rottweiler qui se déshydrate rapidement. Une première épidémie est apparue en France dans les années 1970, elle avait débuté aux États-Unis. La résistance de ce virus est très grande, ce qui explique les épidémies rapides.

La contamination se fait par les excréments, les objets souillés ou les urines.

Les traitements à base de riz ou de carottes sont inefficaces.

La mort peut survenir en deux à quinze jours.

Cette maladie est la crainte principale des éleveurs de Rottweilers. Le parvovirus se multiplie dans les cellules intestinales qu'il détruit. Les animaux de moins de cinq mois sont les plus exposés.

La contamination

Le virus de la parvovirose fait seulement 20 nanomètres de diamètre mais beaucoup de dégâts, en raison de son pouvoir pathogène et de ses caractéristiques physiques. Il est en effet très résistant. Des expériences ont montré que le virus peut survivre plus de six mois dans un échantillon de selles à température ambiante ! Une épidémie peut donc se déclarer suite à un cas qui a guéri et se propager à une vitesse alarmante.

Le Rottweiler est particulièrement sensible au virus de la parvovirose (© Varin/Cogis)

Le virus résiste à l'action de l'éther et du chloroforme, ainsi qu'à la chaleur ; il survit bien à l'hiver.

Les excréments sont la source principale de contamination mais il ne faut pas négliger le rôle de l'urine et de la salive.

Les objets souillés ont également une responsabilité.

La pénétration du virus dans l'organisme se fait par voie buccale ou nasale.

L'excrétion du virus dans les fèces se fait à partir du quatrième jour, elle est maximale au cinquième et cesse au neuvième jour.

L'immunité

Un chien atteint de parvovirose et qui y survit garde une immunité due à l'infection durant plus de trois ans.

Des anticorps apparaissent dès le troisième jour de l'infection et le taux maximal est atteint au huitième jour. On utilise d'ailleurs l'apparition de ces anticorps spécifiques pour établir un diagnostic très précis en cas de litige.

L'immunité du chiot lui est donnée par sa mère mais elle est moins durable que celle garantie par l'infection. C'est une immunité dite passive. En outre, les anticorps ainsi transmis disparaissent complètement vers la dixième semaine. Il existe donc une période critique durant laquelle le chiot n'est plus protégé, la vaccination n'étant pas encore efficace. Il est important, durant cette période, de ne pas exposer le chiot à des risques inutiles.

Il existe une certaine analogie entre le virus de la parvovirose du chien, celui du typhus du chat et le virus de l'entérite du vison. D'ailleurs, lors de l'épidémie de 1978, les premiers chiens vaccinés l'ont été avec des vaccins contre le typhus.

Signes cliniques : digestifs avant tout

Il existe trois formes cliniques de la parvovirose.

La forme digestive

On observe une diarrhée hémorragique, des vomissements, un abattement très important, une déshydratation rapide. Les selles sont gris rosé, dégageant une odeur de « gastro » caractéristique. L'animal présente de la fièvre puis il tombe rapidement en hypothermie (37 °C).

Cette forme peut être foudroyante. Dans ce cas, l'animal meurt avant l'apparition des symptômes.

L'incubation dure entre trois et quatre jours. Si le chien passe le cinquième jour, il en guérira.

La forme cardiaque

Elle est très rare et se caractérise par une mort brutale, sans symptômes. On observe simplement une difficulté respiratoire. Cette forme fut fréquente lors de l'apparition en France de la maladie mais elle est actuellement très rare.

Elle concerne surtout les chiots qui ne présentent aucune immunité maternelle.

Les séquelles, en cas de survie, sont des affections cardiaques et respiratoires (souffles).

Les formes neutres

Des anticorps peuvent être décelés sur des animaux n'ayant jamais présenté de symptômes.

Le diagnostic

Si l'on veut pouvoir établir un diagnostic formel mettant en cause un parvovirus, il est indispensable d'effectuer des examens précis.

Le diagnostic clinique se fait grâce à l'étude des symptômes. Il sera facile à faire dans le cadre d'un élevage. En effet, la contagion, l'âge des animaux atteints, les signes cliniques permettent de suspecter rapidement une parvovirose.

En revanche, sur un animal unique, il est difficile de certifier qu'il s'agit d'une parvovirose sur le seul examen clinique. Il peut en effet s'agir d'une autre sorte de gastroentérite (à coronavirus, de la maladie de Carré, leptospirose...). Un diagnostic de laboratoire devra alors être réalisé.

Le virus peut être mis en évidence dans les selles, et les anticorps dosés dans le sang.

Chez un chien mort, une analyse de l'intestin permet de poser un diagnostic certain.

La législation

Comme nous l'avons vu pour l'entropion-ectropion (voir p. 109), les vices rédhibitoires

LES MESURES D'URGENCE EN CAS DE PARVOVIROSE

- **Isoler :** le chiot malade doit être seul dans une pièce fermée et les selles et urines nettoyées dès leur émission.
- **Réchauffer :** le chiot sera mis sous lampe chauffante.
- **Réhydrater :** le chiot sera mis sous perfusion chez un vétérinaire ; on pourra également lui proposer de l'eau à la seringue.
- **Désinfecter :** afin d'éviter la contagion, faire attention aux semelles de chaussure souillées.

MÉMENTO SUR LA PARVOVIROSE

Contamination	**Conséquences**
Selles, urines, objets souillés	• Éliminer toutes les déjections • Désinfecter tous les objets en contact avec les malades
Résistance	**Conséquences**
Le virus est très résistant	La désinfection doit être très performante
Excrétion contaminante	**Conséquences**
Du quatrième au neuvième jour	Isoler les chiots durant cette période
Immunité	
Maternelle : jusqu'à dix semaines Due à la maladie : trois ans	

sont déterminés par la loi. Ils comprennent :
- la maladie de Carré ;
- l'hépatite contagieuse (maladie de Rubarth) ;
- *la parvovirose* ;
- l'ectopie testiculaire ;
- l'atrophie rétinienne ;
- la dysplasie coxo-fémorale.

La parvovirose est donc un vice rédhibitoire qui peut faire annuler une vente.

La parvovirose en élevage

Comment vacciner ?

Les risques d'épidémie existent-ils encore ? Les vaccins sont-ils parfaitement efficaces ? Existe-il un protocole plus performant qu'un autre ?

Les anticorps transmis par la mère assurent une protection des chiots jusqu'à cinq à six semaines. Pendant cette période, le vaccin est neutralisé et donc inactif. D'après une étude de laboratoire, 81 % des chiots sont donc sensibles à la parvovirose dès six semaines. Il est donc recommandé de vacciner dès ce moment et jusqu'à douze semaines. De nombreux éleveurs ont opté pour une vaccination hebdomadaire, ce qui permettrait d'obtenir une protection maximale.

Il est également possible de faire une vaccination à six, neuf et douze mois pour une protection efficace.

En effet, sur un chiot de six semaines environ, les anticorps de la mère sont devenus pratiquement inexistants. Si l'on attend qu'il ait huit semaines pour le vacciner, le chiot présente donc une forte période de risque.

Ceci étant, les chiots ne présentent qu'à huit semaines un système immunitaire suffisamment développé pour fabriquer des anticorps. Il existe donc toujours le risque d'une infection entre six et neuf semaines. Mais en commençant la stimulation de l'organisme dès six semaines, les anticorps seront rapidement synthétisés lors de la deuxième injection à neuf semaines.

Il faudra donc également mettre en place des mesures d'hygiène très strictes au niveau des locaux d'élevage et du matériel.

Certaines règles de base de désinfection sont à connaître. Ainsi, il faut ramasser les excréments et non les disperser avec un jet d'eau ; avant de désinfecter, il faut toujours nettoyer : de nombreux désinfectants sont en effet inactivés par les déchets ; enfin, un seul désinfectant sera utilisé à la fois.

En cas de gastro-entérite, un pédiluve sera installé à l'entrée de chaque box. Réalisez-le simplement avec une grande bassine remplie d'un antiseptique (eau de Javel) dans laquelle tous tremperont leurs bottes. L'eau sera changée tous les jours.

Les situations à risque

• La vente d'un chiot représente toujours pour lui un stress important, et ce, quelles que soient les conditions dans lesquelles il se trouve. Le stress entraîne une baisse des défenses immunitaires et une plus grande sensibilité aux infections. Le risque de déclaration d'une parvovirose à ce moment est donc à prendre en compte.

Prévenez l'acheteur qu'il doit vous appeler au moindre désordre digestif.

Vous pouvez préciser que le risque ne provient sans doute pas de l'élevage mais de cette période critique durant laquelle le chiot n'est plus protégé par les anticorps de la mère et pas encore immunisé.

• Les rassemblements d'animaux, comme les expositions, les courses de chiens, les compétitions d'agility..., sont sources de contamination.

Connaissant le mode de contamination de la parvovirose, il faudra donc éviter à votre chien de renifler les besoins, de côtoyer les autres chiens.

En effet, lors de ces événements, cette vaccination n'est pas toujours exigée.

VACCIN OU SÉRUM ?

Une confusion est souvent faite entre sérum et vaccin.

Le **vaccin** protège l'animal contre une maladie, souvent virale, en permettant à l'organisme de le stimuler pour fabriquer des anticorps qui seront utilisés en cas d'infection. Le **sérum**, en revanche, est une injection d'anticorps, rapidement détruits par le corps et qu'il faudra donc renouveler.

Attention ! un animal n'est protégé contre une maladie que quinze jours après la deuxième injection de vaccin. La primovaccination comprend en effet deux injections à un mois d'intervalle. En rappel annuel, l'effet est immédiat.

Le cœur du Rottweiler est souvent beaucoup sollicité du fait de son activité physique (© Francais/Cogis)

Le cœur du Rottweiler

Au risque de nous répéter, il faut savoir qu'un chien physique comme le Rottweiler doit être suivi très régulièrement pour détecter toute faiblesse médicale. Le Rottweiler est en effet un animal massif et son cœur est souvent mis à rude épreuve par l'activité physique et la masse musculaire de l'animal.

Une surveillance s'impose donc pour détecter au plus vite un Rottweiler cardiaque.

Le cœur peut flancher à n'importe quel moment, que le chien soit jeune ou vieux, surtout s'il s'agit d'un chien sportif.

Il existe des affections cardiaques congénitales, c'est-à-dire qui existent à la naissance, d'autres héréditaires ou acquises (pour toutes ces notions, voir encadré p. 108). Les symptômes se recoupent souvent : essoufflement, toux, œdèmes.

Le plus important est de diagnostiquer un problème cardiaque le plus tôt possible, afin de mettre en place un traitement médical mais surtout une hygiène de vie adaptée.

L'appareil cardio-vasculaire a pour rôle d'apporter à l'organisme l'oxygène et les produits dont il a besoin pour son fonctionnement. Il est également chargé de transporter les déchets, les hormones... On comprend donc aisément qu'une modification de l'équilibre cardiaque a des répercussions énormes sur la santé du chien.

Le fonctionnement du cœur

Il est peut-être utile de rappeler ici quelques notions.

La partie droite du cœur reçoit le sang « usé » qui circule dans les veines et l'envoie vers la partie gauche qui contient du sang dit « hématosé », qui repart ensuite vers l'aorte.

Le cœur est un muscle creux qui comporte quatre cavités : deux oreillettes et deux ventricules. Entre l'oreillette gauche et le ventricule gauche, ainsi qu'entre l'oreillette droite et le ventricule droit, il existe des orifices de communication munis de valvules. Ces éléments sont fondamentaux dans le fonctionnement cardiaque et toute altération des valvules a une répercussion très importante.

Les bruits du cœur

Ils sont étudiés grâce à un stéthoscope qui amplifie ces bruits.

Le premier bruit est mat, sourd et long. Il est souvent symbolisé par « BOUM » ou « B1 ».

Puis intervient un petit silence. Ensuite vient le deuxième bruit, plus bref et que l'on dénomme « TA » ou « B2 ».

Puis un grand silence. Ces bruits correspondent à la fermeture des valvules après le passage du sang. Il est donc fondamental de répertorier chaque modification d'intensité, de durée, etc.

Il souffle et s'essouffle : l'insuffisance cardiaque

Un souffle au cœur signifie que le muscle cardiaque est en difficulté et que les valvules fatiguent. Il vient du fait que le sang, normalement envoyé avec énergie d'une cavité à l'autre, repasse dans la cavité dont il est issu. Ce reflux de sang vers une cavité du cœur est anormal.

Les valves ne se ferment pas bien, comme une porte qui laisserait passer de l'air. Le sang qui revient par la valvule mal fermée fait du bruit, le bruit d'un murmure ou d'un souffle.

LES SYMPTÔMES DE L'INSUFFISANCE CARDIAQUE

Les symptômes cliniques seront la toux cardiaque et l'ascite.

La toux cardiaque est quinteuse, sèche, et fait souvent son apparition après un effort.

L'ascite est l'accumulation d'eau dans l'abdomen du chien. Il a alors du mal à respirer car ses organes sont complètement comprimés.

Les symptômes de l'insuffisance cardiaque sont différents selon que la partie droite ou gauche du cœur est atteinte.

- **À gauche**

La valvule gauche (ou valvule mitrale) est atteinte ou des problèmes sur le muscle cardiaque sont intervenus. Le résultat est le développement d'une **toux forte et quinteuse**, une difficulté respiratoire qui survient souvent la nuit. Le Rottweiler peut présenter des syncopes lors d'un effort.

- **À droite**

L'origine est à rechercher dans un problème de valvule droite (ou valvule tricuspide), un problème pulmonaire ou parasitaire. Cette insuffisance se manifeste par une congestion des organes, et des œdèmes se forment. En effet, de l'« eau » sort des vaisseaux pour soulager la circulation et s'accumule dans les membres ou dans l'abdomen : l'**ascite**. On peut ponctionner le ventre des chiens et le vider de ce liquide, mais souvent il se reforme rapidement.

On entre alors dans le syndrome de l'insuffisance cardiaque, qui apparaît souvent avec l'âge. La vigilance doit redoubler dans ces cas-là.

Le mauvais fonctionnement cardiaque entraîne une insuffisance d'apport sanguin aux tissus des organes vitaux. Le sang n'est pas évacué avec suffisamment d'énergie, il ne circule plus assez vite dans les vaisseaux.

Mais l'organisme réagit pendant un certain temps et lutte contre la déficience cardiaque. C'est la *phase de compensation.*

La fréquence cardiaque augmente, ce qui permet de maintenir constant le débit sanguin. Le muscle se dilate et les artères se rétrécissent.

Aucun symptôme n'est donc apparent extérieurement mais le chien est quand même insuffisant cardiaque.

Cette phase de compensation est certes bénéfique pour l'animal mais masque malheureusement une affection qui s'aggrave.

En effet, la *phase de décompensation* prend vite le dessus et l'organisme n'arrive plus à pallier l'insuffisance cardiaque.

Le sang n'arrive plus aux tissus et stagne dans les vaisseaux. Le cœur se dilate et on lui donne le nom de « cœur en besace ».

Les symptômes apparaissent alors : œdèmes des membres, œdème aigu pulmonaire (OAP) ainsi qu'une accumulation de liquide dans l'abdomen.

Les œdèmes sont une accumulation d'eau dans les tissus due au fait que le sang ne circule plus dans les vaisseaux.

LES ORIGINES DE L'INSUFFISANCE CARDIAQUE

Elles sont multiples :
- Anomalies congénitales.
- Affections des valvules (inflammation, dégénérescence...).
- Parasites du cœur (angiostrongylose, dirofilariose).
- Tumeurs.
- Compression des gros vaisseaux.
- Troubles du rythme cardiaque.
- Myocardites, péricardites, endocardites.
- Intoxications (au plomb).
- Surmenage.

LES PHASES DE L'AFFECTION CARDIAQUE

Phase I : Le chien ne présente aucun symptôme, l'organisme compense.

Phase II : L'animal ne présente aucun symptôme au repos mais un petit effort entraîne une toux, une fatigue excessive et une difficulté à respirer.

Phase III : L'animal présente des symptômes au repos et ne peut faire aucun effort.

Phase IV : L'animal respire très mal au repos.

Les anomalies cardiaques

On estime que sur mille chiots qui naissent, cinq à dix souffrent d'une affection cardiaque congénitale. Peut-on les sauver ? Doit-on garder ces chiots ?

La sténose aortique

Sous ce nom savant se cache simplement un rétrécissement de l'aorte, qui modifie l'éjection du sang dans cette artère. Cette malformation existant dès la naissance est plus fréquente chez les chiens de grande race. Plus de 60 % des Boxers seraient concernés par cette affection.

La malformation reste longtemps inaperçue puis, avec l'âge, des symptômes apparaissent, le chien ne pouvant plus alors faire d'effort. Une mort subite peut même se produire.

Le diagnostic peut se faire suite à une auscultation et à l'audition d'un souffle.

La sténose pulmonaire

C'est, dans ce cas, l'artère pulmonaire qui présente un rétrécissement. Cette affection représente 30 % des affections cardiaques chez le chien.

Un souffle est également audible. Il faut traiter rapidement cette affection avant que les symptômes ne s'installent.

LES PRINCIPES DU TRAITEMENT DE L'INSUFFISANCE CARDIAQUE

- Le traitement n'est instauré qu'à l'apparition d'autres symptômes (ascite, toux). Sinon le cœur est en phase de compensation.
- Le traitement devra être suivi à vie.
- L'animal ne doit plus faire d'effort.
- Son poids devra toujours être surveillé.
- Il faudra toujours signaler au vétérinaire, en cas d'anesthésie, que le chien est cardiaque.

La persistance de l'arc aortique droit

Une des pathologies les plus fréquentes est la persistance de l'arc aortique droit. Cette affection est congénitale.

On se rend compte de cette pathologie au moment du sevrage. Les chiots accusent un retard de croissance, régurgitent souvent et mangent énormément.

Ils font souvent des pneumonies par fausse déglutition.

Une opération est indispensable. Cet arc doit en effet disparaître au cours du développement embryologique du chiot. Les animaux ont du mal à respirer. Les symptômes apparaissent à partir de trois ans. Un souffle est présent. L'échographie permettra un diagnostic précis.

La persistance du canal artériel

La persistance du canal artériel est une autre malformation congénitale.

Les communications entre les ventricules entraînent des insuffisances cardiaques rapidement.

Toutes ces affections exigent une chirurgie cardiaque.

Ce sont les quatre affections congénitales les plus fréquentes. Elles représentent 5 % de toutes les affections congénitales.

Les examens cardiaques

L'électrocardiogramme

Les quatre cavités du cœur présentent une alternance de

phases de contraction, ou systoles, et de phases de relâchement, ou diastoles.

La réalisation d'un ECG (électrocardiogramme) consiste à enregistrer les phénomènes électriques du cœur. Pour cela, on pose des électrodes à la surface du corps du chien.

Les électrodes sont des pinces crocodile de différentes couleurs posées aux deux pattes arrière et aux deux pattes avant. Ces pinces sont fixées sur un pli de peau après qu'on y a appliqué un gel conducteur.

Qu'analyse-t-on sur un tracé d'ECG ? La fréquence cardiaque, la régularité du rythme cardiaque, l'amplitude, la longueur des ondes… Tout cela est concrétisé par un tracé sur du papier millimétré.

LES COULEURS DES ÉLECTRODES

Pince rouge : patte avant droite.

Pince jaune : patte avant gauche.

Pince noire : patte arrière droite.

Pince verte : patte arrière gauche.

Pince blanche : sur le flanc.

La radiographie

Elle permet de visualiser la grosseur du cœur. En effet, à l'état normal, il occupe trois à quatre espaces intercostaux. Lorsqu'il est dilaté, il prend beaucoup plus de place.

L'échographie

Elle est très utile pour l'observation des affections localisées sur les différentes parois du cœur.

Le Rottweiler et la torsion d'estomac

C'est une affection très grave, et dont les races de grande taille sont le plus souvent victimes. Le Rottweiler est donc en première ligne.

L'étiologie, c'est-à-dire les causes déclenchantes de cette maladie, sont presque inconnues. On peut citer des facteurs favorisant l'apparition de ce syndrome, mais la cause exacte reste une énigme.

La dilatation-torsion est toujours mortelle en l'absence d'une intervention chirurgicale rapide.

Le plus important reste donc de prévenir cette affection d'apparition très brutale.

Les conditions favorisantes

Connaître les facteurs prédisposants permet de mettre en place une prophylaxie efficace de ce risque chez votre Rottweiler.

• Ainsi, l'*âge* est un facteur de risque. Très peu de cas ont été diagnostiqués sur des chiens de moins de deux ans. Les animaux de plus de quatre ans sont les plus exposés.

• Les *mâles* sont davantage touchés que les femelles.

• Le *mode d'alimentation* est le facteur sur lequel il faudra agir pour la limitation des cas. Les chiens très gloutons qui se jettent sur leur gamelle et « aspirent » littéralement les aliments sont les plus exposés, surtout si le repas est suivi d'un exercice et d'un abreuvement massif.

• Le *type d'alimentation* joue également un rôle. La qualité de la ration, la quantité, le moment du repas sont à prendre en compte. Les aliments qui s'imbibent facilement d'eau, tels les soupes, favoriseraient l'apparition de cette affection. Il faut se souvenir que la torsion est précédée d'une dilatation due à une fermentation du contenu de l'estomac. Les aliments fermentescibles seront donc à proscrire.

Processus et symptômes

Le mécanisme de cette affection est assez simple. Avant la torsion, des gaz s'accumulent dans l'estomac en même temps que le contenu gastrique. Des liquides provenant des sécrétions gastriques rejoignent ce mélange.

La pression augmente dans l'estomac qui se dilate alors et se déplace vers la partie gauche de l'abdomen.

La rate est également entraînée dans ce déplacement car elle est reliée à l'estomac par un ligament (le ligament gastro-splénique). Elle se gorge de sang et gonfle (splénomégalie). C'est le fait le plus important car ce gonflement de la rate (ou météorisation) empêche l'estomac de reprendre sa position initiale normale.

Le plus grave est que la torsion entraîne des lésions très importantes de la paroi de l'estomac. Celui-ci est en effet rempli d'acides gastriques qui entraînent des ulcères, voire des nécroses de la muqueuse de l'estomac.

La respiration est également altérée. L'estomac ainsi

Il va de soi que pour le Rottweiler, qui dépense beaucoup d'énergie pendant les séances de dressage, une alimentation équilibrée est indispensable (© Lanceau/Cogis)

gonflé comprime le diaphragme et le thorax. L'animal se met à respirer très rapidement.

Le débit cardiaque diminue, la pression artérielle également. L'organisme de l'animal n'est donc pas irrigué correctement. À cause de cette mauvaise irrigation peuvent subsister des séquelles au niveau de plusieurs organes (foie, cœur, pancréas).

Cliniquement, l'animal a soudain envie de se lever, il tourne en rond et fait des efforts de vomissement improductifs. Rapidement, il se plaint violemment puis le côté gauche de l'abdomen gonfle.

Il entre ensuite dans un état de choc semi-comateux.

Il n'existe aucune autre mesure d'urgence que de le conduire au plus vite chez un vétérinaire.

Pour confirmation, une radio peut être réalisée. Dans ce cas, l'estomac très dilaté est visualisé sous forme d'une grosse poche de couleur noire car rempli d'air (qui apparaît toujours noir à la radio, les structures dures comme l'os étant blanches).

L'intervention chirurgicale

L'animal est immédiatement mis sous perfusion pour rétablir une irrigation correcte des tissus. La torsion, ou la rupture, de certains vaisseaux altère considérablement l'arrivée du sang.

Le vétérinaire établit un traitement de l'état de choc dans lequel se trouve l'animal.

L'important est également de diminuer la pression qu'exerce l'estomac sur d'autres organes. Un sondage gastrique est donc tenté à l'aide d'une sonde.

L'animal est anesthésié, la paroi abdominale est incisée puis l'estomac est saisi délicatement et sorti afin que, une fois ouvert, le contenu digestif ne tombe pas dans la cavité abdominale.

Les aliments sont aspirés et la pression est ainsi diminuée.

La splénectomie (ablation de la rate) est parfois obligatoire car sa rotation entraîne des ruptures de vaisseaux.

L'ouverture de l'estomac est ensuite suturée de façon à être hermétique.

Les séquelles

Il faut savoir que l'intervention seule ne peut sauver le chien. Des traitements post-opératoires doivent être instaurés pour lutter contre les séquelles possibles.

En effet, après l'opération, le débit cardiaque ne reprend pas sa valeur normale instantanément. Le foie est l'organe qui souffre le plus d'un manque d'apport correct en oxygène.

Des insuffisances rénales ou pancréatiques peuvent être également observées.

Enfin, les troubles cardiaques sont souvent fréquents après la « guérison » d'une torsion. Un suivi cardiaque sera donc assuré par le vétérinaire durant les jours suivant l'intervention.

■ PRÉVENIR LA TORSION D'ESTOMAC

Les mesures de prévention sont fondamentales car même une intervention rapide peut ne pas sauver le chien.

Donc :

- Il est préférable de donner à manger en deux repas.
- Il faut éviter d'imposer un effort après le repas, même si les chirurgiens ne sont pas tous d'accord sur la réalité de ce facteur.
- Il est souhaitable d'humidifier l'alimentation pour éviter que l'animal ne boive une grande quantité d'eau après le repas.
- Les récidives existent. Les chirurgiens proposent alors de fixer l'estomac à la paroi abdominale (gastropexie).

■ DEUX PISTES POSSIBLES

La lignée en question

Aucune transmission héréditaire n'a été démontrée sur cette affection mais il semblerait que certaines lignées y soient plus sensibles que d'autres.

Mais les conditions d'élevage sont parfois mises en cause : nourriture sèche, eau en abondance, quantité d'alimentation trop importante en un seul repas.

En cas de torsions nombreuses sur une même race, il faut donc suspecter autant la lignée que l'environnement du chien.

La saillie en question

Certains éleveurs de grandes races ne donnent pas à manger au mâle avant une saillie et attendent trois à quatre heures après pour lui donner à manger ; en effet, l'effort que représente l'acte pourrait favoriser une torsion chez une race sensible. Il ne faut donc jamais donner à manger avant une saillie mais attendre au moins deux heures après.

L'animal sera mis sous perfusion pendant trois à quatre jours car la suture de l'estomac n'est pas imperméable immédiatement. Il recommencera à boire puis à manger dans un second temps.

L'alimentation du Rottweiler

Comment bien choisir l'alimentation de votre Rottweiler

Le Rottweiler, chien physique et sportif, a besoin d'une alimentation équilibrée, base d'une santé irréprochable.

Il existe différents types d'alimentation que l'on classe comme suit :

- l'alimentation « traditionnelle », composée de riz ou de pâtes, de légumes et de viande, et que l'on prépare chez soi ;
- l'alimentation dite « industrielle », qui englobe tous les produits vendus dans les circuits spécialisés : boîtes, croquettes, aliments déshydratés... ;
- enfin, l'alimentation « diététique » (dite à objectifs spéciaux) et qui est proposée par les vétérinaires dans un but très précis, pour pallier certaines affections : animal obèse, diabétique...

Le choix se fera en fonction de votre disponibilité, de la tolérance de votre animal à certains aliments (boîtes ou croquettes), du type d'activité physique pratiqué, ainsi que de son état physiologique (croissance, gestation...).

Les rations ménagères

Pour une alimentation traditionnelle, il faut prévoir 30 grammes de nourriture par jour et par kilo à l'âge adulte, dont 10 grammes de viande, 10 grammes de riz ou pâtes et 10 grammes de légumes.

Durant la croissance, les doses sont différentes :

• De deux mois (âge du sevrage) à quatre mois : 75 grammes de nourriture par kilo et par jour, répartis en trois repas, comprenant 25 grammes par kilo de riz, 25 grammes par kilo de viande et 25 grammes par kilo de légumes.

• À quatre mois : 60 grammes par jour et par kilo répartis en deux repas.

• À six mois : 50 grammes par jour et par kilo.

• De six à huit mois : 45 grammes par jour et par kilo.

Il faut, bien sûr, toujours respecter les proportions suivantes : un tiers de riz, un tiers de viande et un tiers de légumes.

La ration industrielle

Ces aliments sont complets, très bien équilibrés, faciles d'emploi et de stockage, souvent économiques en coût journalier, et sont désormais très appétissants. Vous les trouverez en grande surface ou dans les magasins spécialisés, type animalerie.

Les aliments secs se présentent sous forme de mélange de croquettes, flocons et légumes déshydratés, ou sous forme de croquettes seules.

Les aliments humides sont soit complets, soit à mélanger avec des flocons de céréales et légumes. Ils ont une durée de conservation comprise entre trois et quatre ans et de vingt-quatre heures au réfrigérateur après ouverture.

Les aliments semi-humides ont une durée de conservation d'un an et, une fois ouverts, il faut les mettre au réfrigérateur.

Pour l'alimentation industrielle ou diététique, les doses sont indiquées sur l'emballage. Il faut les respecter, car ces produits sont complets et se suffisent à eux-mêmes sauf pour le calcium : une supplémentation est en effet nécessaire durant la croissance.

L'alimentation diététique

Dans le langage courant, ce terme désigne des aliments destinés à différentes situations physiologiques (chiot, gestation, lactation...). Et dans le langage médical, il regroupe les aliments dits à objectifs spéciaux, c'est-à-dire destinés à des animaux présentant une pathologie particulière (crise d'urée, insuffisance hépatique, pancréatique...). Souvent, le terme diététique est employé pour les deux : alimentation à objectifs spéciaux et pour des périodes physiologiques.

Comment choisir ?

Il a été démontré que les chiens avaient des préférences qui se classent ainsi : le foie est adoré, puis les viandes cuites avec, comme ordre de préférence décroissant, le bœuf, la volaille, l'agneau et le cheval. Les abats rouges sont préférés aux abats blancs.

Votre emploi du temps doit aussi être un critère de choix, n'en ayez pas honte.

■ QU'EST-CE QUE LES PREMIUMS ?

La dénomination « Premium alimentaire » est de plus en plus courante. Ce terme recouvre des aliments haut de gamme dont on parle beaucoup actuellement.

Les premiums sont très bien tolérés par les animaux fragiles sur le plan digestif car tous leurs ingrédients (riz, poulet, agneau...) sont très bien assimilés par l'organisme ; ils sont en effet sélectionnés pour leurs hautes qualités alimentaires. Ainsi, les protéines qu'ils contiennent proviennent essentiellement du poulet, de volailles et de viandes facilement assimilables. Ce sont toutes des protéines à haute valeur énergétique.

En outre, ces produits sont très attirants pour les chiens car savoureux.

Chaque période de la vie dispose d'un premium spécifique, les appellations pouvant varier selon les fabricants :

- Chiot en croissance : premium « puppy » ou « croissance ».
- Chienne en lactation et gestation : premium « croissance ».
- Chiens sportifs : premium « actif ».
- Chiens âgés : premium « senior ».

Alimentation et croissance

Une croissance à surveiller

Les besoins nutritionnels du chien évoluent en fonction des stades de sa vie.

La croissance est toujours une étape délicate, surtout chez un grand chien massif comme le Rottweiler, et les problèmes de croissance osseuse sont les plus nombreux (voir aussi « Votre Rottweiler boite », p. 105). La suralimentation et l'excès de supplémentation peuvent être très nuisibles, autant que la sous-alimentation.

À la naissance, le squelette du chiot est surtout constitué de cartilage, il va s'ossifier en grandissant. L'os est constitué d'une trame protéique sur laquelle se déposent les substances minérales.

Le Rottweiler aura terminé sa croissance vers quatorze mois.

C'est entre quatre et huit mois que la croissance est maximale, les besoins sont eux aussi maximaux.

La fabrication de l'os va exiger un apport d'éléments spécifiques indispensables. Il faut des *protéines* pour fabriquer la trame protéique de l'os, du *calcium* et du *phosphore* pour constituer la matière minérale de l'os, du *magnésium* qui permet l'action des hormones de croissance, du *cuivre* pour la constitution de collagène, de *l'iode* pour permettre la minéralisation, du *manganèse*, du *zinc*, des *vitamines B6*, *A* et *D*. Cette dernière vitamine est très importante car elle permet la fixation correcte du calcium.

Le calcium apporté par les aliments est souvent suffisant pour les petites races. En revanche, une supplémentation est nécessaire pour les races de grande taille. Le calcium existe sous forme de comprimés ou de poudre à intégrer au cours du repas.

Mais cette supplémentation en calcium doit obligatoirement s'accompagner d'un apport en vitamine D. En effet, l'assimilation du calcium ne pourra se faire correctement que grâce à cette vitamine. Les doses sont à demander à votre vétérinaire car tout surdosage de vitamine D peut être dangereux.

C'est également votre vétérinaire qui établira le complément vitaminique le plus adapté à votre chiot.

Il est inutile de doubler les doses de calcium pour faire grandir plus vite votre chien, l'excès de calcium pouvant être en effet dangereux : il peut se déposer sur les cartilages de conjugaison et stopper ou gêner la croissance.

Excès, carence : du pareil au même

Les excès en vitamines et minéraux ne sont en effet pas anodins. Si, comme nous l'avons vu, un excès de calcium peut gêner la croissance, il peut également entraîner des défauts d'aplomb et favoriser parfois la dysplasie de la hanche. L'excès de vitamine D entraîne des calcifications du rein, cœur... Il est très important de respecter l'équilibre dans l'apport de phosphore, calcium et vitamine D.

Mais les carences également entraînent des troubles.

Ainsi, les carences en calcium provoquent une ostéofibrose juvénile : l'animal présente un squelette déformé et devient plantigrade (il marche sur toute la surface de ses pattes).

Les carences en phosphore, dues à des régimes pauvres en viande, entraînent une mauvaise minéralisation de l'os.

La carence en vitamine D est la cause de rachitisme, détectable par des membres courbés et un chapelet costal (des boules apparaissent à la jonction des côtes).

Les vraies carences en phosphore ou en calcium sont très rares. En général, il s'agit davantage d'un déséquilibre entre ces deux substances. Chez le chien ayant une alimentation riche en protéines d'origine animale (viande), on voit surtout un déséquilibre dû à un excès de phosphore (très présent dans la viande), et cet excès freine la fixation du calcium. C'est pour cela que les produits de compléments indiquent un rapport phosphocalcique (Ca/P) de 2 pour le jeune chien.

LES DANGERS D'UNE SUPPLÉMENTATION MAL CONTRÔLÉE

Nous insistons sur les risques d'une mauvaise supplémentation soit en excès, soit en carence. Ces problèmes sont fondamentaux et les maîtres doivent y prêter une attention particulière, surtout pour les chiens de grand gabarit.

• Carence en calcium et en vitamine D : rachitisme (petite taille, os déformés).

• Carence en calcium et excès de vitamine D : ostéofibrose juvénile (boiterie, démarche plantigrade).

• Excès de calcium et excès de vitamine D : ostéodystrophie hypertrophique (boiteries, déformations chaudes et douloureuses des os longs).

SAVOIR LIRE UNE ÉTIQUETTE DE PRODUIT INDUSTRIEL

Il est très difficile de comparer les produits alimentaires. En général, les maîtres les testent auprès de leur chien et choisissent en fonction de ses goûts. Cependant, il existe une méthode de sélection plus « scientifique » et qui s'adapte sûrement mieux aux besoins de votre chien. Il faut pour cela savoir décrypter les indications fournies par le fabricant.

Tout, en effet, est noté sur l'étiquette : la réglementation européenne étant très stricte, il suffit de savoir traduire !

Vous devez, en premier lieu, rechercher s'il s'agit d'un aliment complet ou complémentaire. Un aliment complet couvre les besoins d'un animal, un aliment complémentaire vient en supplément d'un régime de base et ne peut constituer à lui seul un repas. Il est ensuite noté à qui est destiné l'aliment : chat, chien..., et surtout la spécificité de cette cible : chiot en croissance, chienne en gestation, chien sportif...

La liste de tous les ingrédients est également mentionnée.

Enfin est notée la composition du produit :
– protéines brutes ;
– matières grasses brutes ;
– cendres brutes ;
– cellulose brute ;
– humidité.

Les pourcentages sont exprimés par rapport au poids du produit.

Le Rottweiler et l'obésité

Une bonne alimentation vous permettra de garder votre Rottweiler en bonne santé. Un point délicat chez cette race est en effet celui du poids !

Le juste poids

L'obésité est la pathologie nutritionnelle la plus fréquente dans nos sociétés de consommation. Les carences sont beaucoup plus rares.

• Comment calculer le poids idéal de son Rottweiler ?

Pour peser votre chien, pesez-vous d'abord seul, puis prenez-le dans les bras et renouvelez l'opération. La différence représente son poids.

• Quand peut-on dire qu'un chien est obèse ?

Les besoins en énergie d'un chien sont fonction de plusieurs facteurs : l'étape de la vie dans laquelle il se situe, son niveau d'activité ainsi que son état de santé sont à prendre en compte pour un calcul exact. Le standard de chaque race donne une variation de poids dans laquelle doit se situer le chien.

L'obésité est due à un apport trop important d'énergie qui se concentre dans le corps sous forme de tissus graisseux. On considère qu'il y a surcharge pondérale lorsque le poids du chien est supérieur de 10 % au poids idéal.

L'obésité est considérée comme une maladie car elle entraîne des pathologies diverses et a une influence sur la durée de vie des animaux.

D'où vient l'obésité ?

Le chiot, c'est évident, ne naît pas obèse, même si certains

Une alimentation équilibrée est indispensable à un chien sportif tel que le Rottweiler (© Francais/Cogis)

sont plus forts que d'autres. C'est très simple : le chien obèse consomme plus d'énergie qu'il n'en dépense. Mais ce n'est pas uniquement parce qu'il mange trop. L'obésité est une réelle maladie qui a pour cause une modification du métabolisme du chien.

Différents facteurs qui peuvent paraître superflus peuvent ainsi entraîner une obésité. Par exemple, deux animaux mangent plus lorsqu'ils sont ensemble que s'ils mangeaient seuls. Il faudra donc séparer les chiens d'une même famille au moment du repas. Les mauvaises habitudes du maître peuvent également être à l'origine de certains troubles : le chien finit la gamelle, le maître en est heureux et la remplit à nouveau. Les nouveaux aliments sont de plus en plus adaptés aux chiens par leurs qualités nutritionnelles mais ils sont aussi de plus en plus appétissants. C'est donc aux maîtres de respecter les doses journalières.

Il faut enfin absolument, pour calculer l'énergie apportée à votre chien, tenir compte des aliments, comme les friandises, donnés en dehors des repas.

Un chien en bonne santé n'est pas forcément un chien qui avale tout ce qu'on lui propose et qui mange beaucoup.

La stérilisation en cause

Opérer une chienne la rend-elle obèse ? Oui et non.

Il existe deux fois plus de chiennes obèses stérilisées que non stérilisées.

Mais leur ration alimentaire n'a pas été modifiée après l'opération. Or, de l'avis de tous, la dépense d'énergie est moins importante chez un chien opéré, qu'il soit mâle ou femelle, que chez un animal entier.

La ration doit donc être moins énergétique après ce type d'intervention chirurgicale. Il ne faut pas négliger que l'absence d'hormones sexuelles due à la castration diminue l'utilisation de l'énergie.

Il est donc impératif de revoir à la baisse l'apport alimentaire pour les animaux opérés.

Obésité et maladie

L'aspect esthétique peut conduire certains maîtres à souhaiter faire maigrir leur chien. Mais même si vous n'êtes pas sensible au côté esthétique, il faut agir car les pathologies dues à l'obésité sont nombreuses.

Ainsi, l'espérance de vie d'un Rottweiler obèse diminue.

L'obésité augmente le risque de cancer de 50 %, selon une étude récente faite par des vétérinaires.

L'obésité entraîne des accidents vasculaires, la respiration est également plus difficile. Des problèmes articulaires peuvent résulter du surpoids.

Un animal obèse est plus sensible aux infections qu'un autre et sa sensibilité aux médicaments est différente.

Il devra donc bénéficier de toute une attention spécifique sur le plan médical.

Les remèdes

L'alimentation sera bien sûr le premier facteur à modifier.

Le maître doit se persuader que l'amaigrissement est nécessaire et surtout indispensable pour la santé de son animal. Un bon appétit est un signe de bonne santé mais un chien qui mange sans cesse est « malade ».

Attention, il faudra être vigilant car le chien va très mal accepter cette restriction alimentaire. Il va pratiquement persécuter le maître qui ne doit pas céder.

Le support « moral » du chien et du maître est indispensable pour tout régime.

L'OBÉSITÉ EN QUELQUES MOTS

Les facteurs favorisant l'obésité
- La présence de deux animaux pendant le repas.
- Le non-respect des doses.
- La stérilisation de l'animal.
- Le manque d'exercice.

Les conséquences de l'obésité
- Problèmes locomoteurs.
- Affections cardiaques.
- Risque de diabète sucré.
- Réduction de la longévité.

Tenir le coup en cas de régime strict
- Fixer un programme sur une longue durée (deux à trois mois).
- Être conseillé par un vétérinaire.
- Faire un bilan par mois.
- Toute la famille doit respecter les consignes.
- Choisir un aliment que vous aimez donner.

Si vous craquez
Confiez le chien à des amis qui seront plus stricts avec lui et moins sensibles à ses plaintes !

L'alimentation industrielle est dans ce cas d'un grand secours, même si vous ne l'utilisiez pas auparavant. En effet, des recettes spécifiques pour faire maigrir sont proposées en magasin. Cela permet de nourrir le chien avec des aliments équilibrés, appétissants et peu énergétiques.

Attention à la transition entre les deux régimes qui doit se faire sur une semaine pour éviter les diarrhées ; vous introduirez progressivement l'alimentation préparée dans la gamelle ordinaire.

Votre Rottweiler dans la nature

Les maladies dues aux puces et aux tiques

Lors de l'apprentissage, puis lorsque votre Rottweiler sera parfaitement dressé, vous serez souvent dehors ; votre chien risque alors d'attraper des parasites qui, non seulement, sont néfastes mais qui de plus pourront lui transmettre certaines affections.

Les puces

Le plus connu de tous les parasites externes est la puce. Il existe des puces de chat, d'homme et de chien.

Tous les chiens peuvent attraper des puces, ce n'est pas synonyme de manque d'hygiène. Mais il vous suffira d'un peu de vigilance pour les éviter.

Il faut ainsi savoir que la puce passe peu de temps sur le chien et beaucoup plus dans son environnement. Il faudra donc penser à traiter l'environnement.

Les puces entraînent la DAPP, ou dermatite allergique par piqûre de puce, et véhiculent les dipylidiums.

La DAPP est la cause de démangeaisons très importantes qui peuvent faire apparaître des plaques suintantes infectées. La prévention est donc primordiale car le chien est allergique à la salive de puce qu'elle injecte en suçant le sang du chien. Une seule puce peut donc suffire à faire apparaître une dermatite.

Les tiques

Autre parasite externe, les tiques sont dangereuses car elles transmettent une grave maladie : la piroplasmose. Les tiques menacent particulièrement les chiens évoluant dans les sous-bois.

Le rostre de la tique pénètre dans la peau. La tique va ensuite se gorger de sang. Au bout de vingt-quatre heures environ, elle peut transmettre les piroplasmes qui vivent parfois dans ses muscles et qui migrent alors vers ses glandes salivaires. Si elle est retirée peu après sa fixation – dans les vingt-quatre à quarante-huit heures –, le risque de transmission des piroplasmes est faible. Parlez donc à votre vétérinaire de la vaccination contre la piroplasmose.

Enfin, il faut savoir que si les tiques transmettent au chien la piroplasmose, elles ne sont pas non plus inoffensives pour l'homme. Ainsi, les animaux qui semblent être le réservoir de tiques susceptibles de transmettre la maladie de Lyme à l'homme sont les cervidés, le chien et les petits rongeurs. Cette maladie n'est connue que depuis 1984 ; la transmission se fait par piqûre directe de la tique sur la peau. Peuvent apparaître ensuite des signes cutanés, cardiaques et neurologiques, ainsi que des arthrites.

Les produits : que choisir ?

Sur le marché, vous pouvez trouver :
- des poudres ;
- des bombes ;
- des pipettes ;
- des produits qui stérilisent les puces et les colliers.

Leur utilisation dépend de l'affection, de l'âge du chien et de son mode de vie.

Les colliers peuvent entraîner des allergies, les poils du cou tombent. Cet incident est indépendant de la qualité du produit.

On a également créé certains comprimés à avaler ; ils stérilisent les puces et évitent ainsi leur reproduction.

Mais il est fondamental, pour se débarrasser des puces avec succès, de lutter contre elles dans l'environnement.

Les puces adultes qui se logent dans le poil des chiens sont éliminées par les produits appliqués sur l'animal. Mais alors, elles se sauvent dans le milieu environnant. Elles se cachent sous forme de larves, d'œufs ou de nymphes. Les produits « environnement » ont donc pour cibles tous les états évolutifs des puces. Ils existent en sprays ou en *foggers* (à mettre dans la pièce puis à « décapsuler »). Respectez à la lettre le mode d'emploi pour éviter tout problème. Ces produits sont en vente chez votre vétérinaire.

Les soins des oreilles

Dans la nature, le Rottweiler peut attraper, dans ses oreilles tombantes, divers parasites, des épillets... Une surveillance régulière s'impose donc.

Il ne faut pas hésiter à consulter lorsque l'animal porte la tête sur le côté, se secoue les oreilles ou se gratte. En effet, les affections des oreilles non soignées s'enveniment rapidement.

Les soins doivent être réguliers. Le cérumen, s'il est trop abondant, est un milieu de culture parfait pour les germes ou les mycoses. Le maître doit nettoyer les oreilles du chien avec un produit destiné à cet usage et que conseillera le vétérinaire. Il faut instiller le produit dans l'oreille en la tenant droite, masser sous l'oreille pour permettre au produit de bien dissoudre le cérumen en profondeur. il faut ensuite retirer l'excès de produit et de cérumen avec un coton au bout de l'index. Le Coton-Tige ne fait que tasser le dépôt.

Vérifiez toujours, au retour d'une promenade, la présence éventuelle d'épillets au bord des oreilles tombantes.

Les otites

Les otites sont assez fréquentes chez le Rottweiler.

On distingue les otites érythémato-cérumineuses dues à un excès de cérumen et les otites suppurées avec la présence de pus. La visite chez le vétérinaire est alors indispensable. Une automédication peut être catastrophique ; il est primordial d'identifier le germe présent.

Les otites parasitaires sont dues à des acariens ; on les reconnaît à la présence d'un cérumen noir. Les otites fongiques sont dues au développement de champignons dans le conduit.

LE MAL D'OREILLE EN RÉSUMÉ

Il faut surveiller le comportement du chien. Une consultation s'impose en cas de :
- Port de tête modifié.
- Grattage de l'oreille.
- Mouvement de tête.
- Odeurs fortes.

À éviter
Les Coton-Tige.
L'alcool.
L'eau dans les oreilles.
Le savon.
Les baignades.

Les produits efficaces
Huile d'amande douce pour décoller le cérumen.
Lotions vétérinaires.

Le Rottweiler sportif

Son alimentation

Le régime du chien doit, comme pour tout sportif, être adapté à son activité, pendant, mais aussi avant les activités. Lors d'épreuves ou d'exercices, le chien parcourt presque dix fois plus de terrain que son maître. Le chien sportif est assimilé à un coureur de fond ; parfois, l'effort est intense durant une très courte durée.

Le travail musculaire et les modifications physiologiques de l'effort augmentent les besoins de l'animal. Les lipides sont le carburant énergétique majeur nécessaire au travail musculaire.

Les besoins du Rottweiler sportif sont multipliés par deux ou trois durant les périodes d'activité.

Il faudra donc donner des rations hautement énergétiques pour couvrir les besoins sans augmenter de façon considérable la quantité de nourriture donnée. On utilisera de préférence des lipides qui augmentent, en plus de l'énergie, la digestibilité de la ration.

Le taux de protéines de l'alimentation du chien sportif doit être de 35 % de la matière sèche. Il faut 2,5 % de calcium, 0,15 % de magnésium et 1 % de phosphore. Il faut doubler les vitamines A, D, K et tripler les vitamines B1, B2, B6, B12 et choline. Il existe des aliments complets pour chiens sportifs mais il faut vérifier qu'ils comportent bien 30 % de protéines, 20 % de matières grasses, 9 % de minéraux et un taux de cellulose faible.

L'alimentation doit être équilibrée mais surtout elle doit parfaitement être assimilée par l'organisme pour être efficace.

Les premiums (voir encadré p. 121) pour chiens sportifs sont très bien adaptés à la situation.

Une bonne préparation

Elle est indispensable avant tout effort sportif. Elle concerne aussi bien l'état général que l'échauffement musculaire.

- La prévention contre les parasites externes est importante. Le plus prudent est de vaporiser l'animal avec une bombe antipuces et antitiques la veille de la journée d'épreuve en extérieur. Il existe actuellement sur le marché des produits ayant une efficacité sur plusieurs mois. Vous pouvez également mettre un collier.

- La préparation physique est fondamentale pour éviter les blessures et les défaillances. Il faut faire courir votre animal régulièrement, si possible pas derrière des vélos mais plutôt avec plusieurs autres chiens pour le stimuler.

- L'entretien des pattes est très important pour éviter l'échauffement des coussinets. Ces derniers sont à surveiller, notamment pour les éventuels épillets ou les coupures qui s'infectent rapidement, ainsi que les ongles. Un brossage minutieux s'impose pour découvrir les tiques, les épillets, les épines. Une vérification des membres et coussinets et de l'état de la peau et des oreilles est indispensable.

- La vaccination antirabique est obligatoire, les vaccinations habituelles (CHLRP, voir encadré p. 128) sont vivement conseillées ainsi que la vaccination contre la piroplasmose.

- Enfin, la préparation musculaire est indispensable pour éviter tout accident. L'entraînement doit permettre au chien de réaliser un parcours physique intense sans difficulté.

La pathologie du sport

Les pathologies sont variées : blessures type plaies avec des degrés de gravité allant de l'éraflure à l'hémorragie, entorses, luxations, fractures souvent remarquées chez les animaux non préparés, épillets dans les yeux, les oreilles ou les espaces interdigitaux (ou même le fourreau), morsures de vipère et piqûres diverses...

Certaines, spécifiques à l'effort, peuvent être évitées, grâce à quelques précautions.

L'hypoglycémie

L'épuisement du glycogène hépatique

Il est dû à un travail trop important et trop long sur un chien mal entraîné, surtout par temps chaud. Cet épuisement est la cause d'une hypoglycémie parfois appelée « hystérie des chiens de meute ». Elle est favorisée par un manque d'entraînement et un régime hyperglucidique.

L'épuisement en glycogène musculaire

Il peut apparaître deux à trois heures après l'effort. Seul l'apport de sucre pendant l'activité et l'entraînement permet d'éviter ce problème.

Durant ces problèmes d'hypoglycémie, les symptômes sont une faiblesse musculaire soudaine, une paralysie du train arrière, une perte de l'équilibre, et des tremblements. La crise disparaît en une heure. Le traitement consiste à donner du sucre au chien. Si la crise est importante, des perfusions de solutés glucosés peuvent être envisagées.

La déshydratation

Attention à la déshydratation par temps chaud ! Donnez fréquemment à votre chien de l'eau sucrée.

En cas de crise, le chien a les yeux qui paraissent enfoncés, la peau semble moins souple et il peut tomber dans le coma.

Le coup de chaleur

C'est une congestion de tout l'organisme due au fait que ce dernier n'arrive plus à réguler sa température interne. L'animal respire très fort, sa température monte à 41 °C, il est cyanosé, les muqueuses sont donc violettes. Des crises convulsives et un coma peuvent survenir. Le risque de décès est important. Il faut absolument refroidir rapidement la tête de l'animal et le mettre sous perfusion.

La rhabdomyolyse d'effort

Cette pathologie est spécifique des gros efforts. L'animal présente une démarche difficile, une douleur musculaire très importante, les muscles sont durs et le chien urine du sang. Cette crise peut survenir durant l'effort ou le lendemain. La prévention de ces crises réside surtout dans l'entraînement régulier du chien.

Les problèmes locomoteurs

Ce sont des problèmes prépondérants chez le Rottweiler.

Les blessures des coussinets

Elles sont plus fréquentes sur les terrains rocailleux avec silex, ou épineux comme dans le sud de la France pour des chiens non préparés.

Les accidents osseux et articulaires

L'entorse est due à un mouvement forcé d'une articulation. Les chiens se font une entorse en courant et en « tombant » dans une dépression localisée. Le chien boite alors de façon très marquée à froid après l'effort. L'articulation est souvent gonflée.

La luxation est due à une sortie des os du cadre de l'articulation. La douleur est très importante.

Les accidents musculaires

La crampe est une contraction involontaire et douloureuse d'un muscle. Elle intervient suite à un exercice à froid par manque d'entraînement.

La contusion musculaire est due à un choc n'entraînant pas de coupure.

La tendinite est assez spécifique des chiens insuffisamment entraînés. C'est une inflammation des tendons. La déchirure musculaire est due à une contraction trop rapide et trop violente des muscles.

La rupture des ligaments croisés du grasset

Elle intervient quand le chien met le pied dans un trou par exemple. Le chien ressent une forte douleur puis porte sa patte postérieure sous le ventre. Il ne s'appuie plus dessus. Une intervention chirurgicale est à envisager.

LES VACCINS : CHLRP

On pratique le CHLP à deux mois, puis le CHLRP à trois mois, un rappel annuel de CHLRP est ensuite nécessaire.

Signification des abréviations
C = Maladie de Carré
H = Hépatite de Rubarth
L = Leptospirose
P = Parvovirose ou gastro-entérite à parvovirus
R = Rage

La *maladie de Carré* entraîne des symptômes digestifs, nerveux ou respiratoires. Des séquelles subsistent parfois sous forme de crises d'épilepsie.

L'*hépatite de Rubarth* se manifeste par de la fièvre, une gastro-entérite et une augmentation des ganglions.

La *leptospirose* présente deux formes. La première entraîne une gastro-entérite hémorragique et la seconde un ictère (l'animal est jaune).

La *parvovirose* est une gastro-entérite.

La *rage* est une affection grave mais rare, qui entraîne une encéphalite et des troubles du comportement ainsi qu'une salivation excessive. La vaccination contre la rage est obligatoire dans certaines conditions (camping, voyage à l'étranger, chasse, expositions, départements contaminés...).

On peut aussi faire vacciner son chien contre la *toux de chenil* et la *piroplasmose.*

Le vaccin contre la toux de chenil est surtout pratiqué en élevage. Le vaccin contre la piroplasmose est indispensable pour les chiens chassant et vivant en région chaude. Cette maladie est transmise par les tiques et entraîne une anémie (perte de globules rouges). Les complications sous forme de crises d'urée sont fréquentes.

DEUX GESTES D'URGENCE

• *Faire un pansement sur une hémorragie*
Il faut faire un pansement dit compressif : mettez beaucoup de compresses puis serrez avec une bande. Un pansement compressif ou un garrot ne doivent pas être laissés en place plus de deux heures. Notez l'heure de pose et allez chez un vétérinaire.

• *Faire un massage cardiaque*
Posez votre chien sur le côté droit. Mettez une main à plat sur son flanc et appuyez par à-coups sur cette main avec votre autre main de façon à stimuler le cœur.

L'ÉDUCATION DU ROTTWEILER

AVIS AUX LECTEURS

Les Éditions De Vecchi vous proposent un ouvrage sur le dressage du Rottweiler. Cet ouvrage vous permet de comprendre comment réagit un Rottweiler.

Or il faut savoir que le dressage n'a pas pour but d'obtenir un chien qui attaque et qui aime se battre ; au contraire, il a pour but d'obtenir un chien heureux et équilibré en toutes situations.

Cela n'a rien à voir avec un culte de l'agressivité. Le dressage fait suite à l'éducation et permet d'avoir un chien adapté à une fonction pour une situation précise : la garde, la défense, la recherche…

Le dressage doit être entrepris par des maîtres équilibrés et ayant de solides connaissances de base. Si vous ne vous sentez pas les capacités de dresser votre chien, il est préférable de le confier à un professionnel.

Le dressage demande des connaissances, des capacités pour mener à un résultat exemplaire.

Le cas des chiens dits dangereux montre combien un comportement, qui n'a rien à voir avec du dressage mais avec une incompétence totale des maîtres, peut conduire à des situations dramatiques.

Le dressage est une éducation spécialisée, assurée par des maîtres ou des professionnels compétents, pour la sécurité de tous.

Le Rottweiler… en quelques mots

Historique

Les hypothèses expliquant l'apparition de cette race sont nombreuses mais il est une certitude : le Rottweiler descend des molosses.

Les molosses les plus anciens sont les Mâtins, très répandus à l'époque romaine.

Croisés avec d'autres races, ces chiens romains ont donné naissance à de nombreuses races.

Le Rottweiler semble avoir pris naissance dans un petit village nommé Rottweil ; c'était, au Moyen Âge, un centre d'élevage très important pour le bétail. Le Rottweiler était alors surtout utilisé comme gardien de troupeau de bovins et c'était donc un chien très proche des bouviers.

En 1966, le Rottweiler a été officiellement reconnu sur le plan international.

En France, la première inscription au LOF date de 1970 et le club de race n'a été agréé par la SCC qu'en 1983.

Depuis, nous connaissons un grand essor de ce chien en France.

Législation

Le Rottweiler est classé en catégorie 2 selon la nouvelle loi concernant les chiens dits dangereux.

Cela signifie qu'il doit être déclaré en mairie par son propriétaire.

Avant tout : de bonnes habitudes

Le dressage du Rottweiler demande des capacités techniques de la part du maître, des capacités physiques et psychologiques de la part du chien.

On ne peut dresser un Rottweiler que s'il est équilibré et physiquement en forme.

L'éducation de base est donc une étape primordiale,

Le dressage doit être fait par des professionnels compétents et non par des amateurs (© Francais/Cogis)

surtout chez un chien qui a souvent un caractère dominant.

La pathologie et la prévention des affections sont un deuxième point d'équilibre (voir « Les Conseils du vétérinaire », p. 105).

Les principes de base de l'éducation

Le rôle du jeu

La mère se charge de l'éducation des petits jusqu'à deux mois puis c'est à vous de jouer. C'est d'ailleurs le cas ! L'éducation ne peut se faire *que par le jeu* et dans la bonne humeur, avec un chien heureux d'apprendre et dans le respect de certaines règles de base.

La hiérarchisation chez le chiot Rottweiler

Même si cela est troublant pour certains maîtres, le chien doit rester un *dominé*. Il ne doit jamais prendre l'initiative de quoi que ce soit, par rapport à son maître.

Le non-respect de cette notion est à l'origine de nombreuses manifestations comportementales pathologiques, notamment les morsures.

L'origine en est une absence totale ou partielle de « commande » du maître. Le chien considère qu'il est le « chef de meute » et que cette position lui permet d'imposer sa loi. Un chien peut être d'un caractère dominant mais *il ne doit pas* être dominant dans la famille.

Un maître doit toujours être respecté par son chien.

Le stimuler dès son plus jeune âge

Des stimulations nombreuses, variées et intervenant très tôt dans la vie du chiot, sont indispensables pour son développement « intellectuel » et neurologique.

Le cas des chiots élevés dans un isolement complet, dans des enclos et qui ne voient personne avant la vente, est significatif. Ils ont peur de bruits anodins comme un objet qui tombe, un sac en papier que l'on froisse, une feuille qui tombe de l'arbre.

Cette situation entraîne souvent un hyperattachement du chien à son maître auprès duquel il cherche un réconfort permanent.

L'attachement

Il s'agit de savoir doser et contrôler ce que l'on appelle la période d'attachement. Un hyperattachement d'un chien à une personne n'a en soi rien de révoltant. Simplement, il a été clairement mis en évidence que cette liaison affective trop intense était à l'origine de troubles du comportement spécialement chez un chien destiné au dressage.

Le chiot doit être éduqué par tous. Il doit en outre être laissé seul de temps en temps.

Conclusions

Si vous respectez ces trois grands principes de base :
- le maître est dominant,
- le chien doit être stimulé petit,
- il doit être éduqué par tous,

vous ne devriez pas éprouver de difficultés dans l'apprentissage des ordres de base de votre Rottweiler.

LES GRANDS PRINCIPES D'ÉDUCATION DU CHIOT

- L'éducation débute à deux mois.
- Vous êtes le maître.
- Votre chien mange après vous.
- Votre chien n'entre pas dans votre chambre.
- Votre chien reste seul parfois.
- Vous utilisez une éducation positive à base de récompenses.
- La punition est rare, justifiée, instantanée.
- Vous n'interrompez jamais une séance d'éducation sans obtenir le résultat voulu.
- Vous restez patient.

Les premiers apprentissages

La propreté

Sur le plan anatomique, le contrôle des sphincters (les muscles qui permettent de se « retenir ») n'est pas complet avant quatre mois. L'apprentissage de la propreté doit donc se faire entre trois et cinq mois.

Délimitez une zone pour les besoins, le plus simple étant les toilettes ou un coin de la cuisine (opposé au coin repas). Mettez des journaux. Évitez la serpillière qui est toujours humide et peu agréable de contact.

Vous pouvez, peu à peu, rapprocher les journaux de la porte d'entrée. Cela vous permettra de vite sortir le chiot dès qu'il se mettra « en position ».

Il faut ensuite regarder vivre votre chien dans la journée et détecter les indices révélateurs de l'envie de faire pipi. Le chiot va tourner en rond, renifler par terre puis s'accroupir. N'hésitez pas alors à le prendre et à le déposer sur les journaux et, une fois que les besoins sont faits, récompensez-le sans retenue par des caresses, des petites friandises pour chien...

Le rythme à adopter est le suivant : sortez l'animal juste après les repas, après les périodes de sieste et après les instants de jeux. N'attendez plus les signes précurseurs d'une envie car le temps de vous préparer, de mettre la laisse, et c'est déjà fait !

Il est préférable de nourrir le chiot à heure fixe et de ne rien lui donner entre les repas. Cela facilite la régularité de ses envies.

La solitude

Le point essentiel de cet apprentissage est de ne pas « ritualiser » votre départ : c'est-à-dire de ne pas donner des signes évidents et répétés à chaque départ, comme chercher ses clés, mettre son manteau, embrasser le chien, etc. Il faut simplement prévoir votre départ.

Le plus simple est de ne pas vous occuper du chiot le quart d'heure précédant le départ. Vous le laissez tranquillement dans son coin.

Sortez le chien pour ses besoins avant de partir. Pas juste avant non plus, pour que cela ne se transforme pas en « signe » de départ.

Il faut, pour commencer, le laisser seul durant des moments très courts pour qu'il comprenne que vous revenez

L´éducation à l´attaque fait partie du dressage mais n´est pas forcément indispensable. Le maître avec les conseils du dresseur doit pouvoir choisir. (© Francais/Cogis)

toujours, puis allonger les moments d'absence.

La marche en laisse

Dans un premier temps, il faut habituer le chiot à supporter le collier puis la laisse. Mettez le collier en vous amusant avec lui.

Au début, vous pouvez également lui mettre la laisse à la maison sans le tenir afin de « banaliser » cet outil.

Il faut éviter, si vous le pouvez, de sortir dès les premières fois dans des rues très passantes et agitées.

Tenez toujours la laisse flottante sur le dos du chien : elle ne doit jamais être tendue. Cela vous permettra d'exercer des petites tractions quand vous souhaiterez ramener l'animal vers vous. Le chien doit marcher près de votre jambe sans jamais la dépasser et toujours du même côté.

Vous devez aussi attirer son attention car il sera distrait par tous les bruits de la rue.

Parlez-lui, faites suivre son nom de l'ordre « au pied ». S'il ne respecte pas cette position et vous dépasse, vous dites « non » et exercez une petite secousse sur la laisse pour le faire revenir à sa place.

S'il obéit, félicitez-le. S'il traîne derrière, exercez une petite traction sur la laisse pour le tirer jusqu'à vous. Mais ne tirez pas en permanence sur la laisse. Ne cédez jamais : ne finissez pas la promenade avec le chiot dans les bras.

Le rappel

Vous pouvez commencer un essai à la maison. Vous tapez dans vos mains en appelant le chiot par son nom, suivi de « viens ». Profitez des situations naturelles : vous êtes par exemple dans la cuisine, il vous voit du couloir, vous l'appelez. Il vient : félicitez-le.

Vous l'envoyez dans son panier dix minutes avant le repas, puis vous le faites venir pour manger. Choisissez pour la première fois un espace vaste mais clos, comme un grand jardin privé. Vous pourrez ainsi laisser courir le chien librement puis lui demander de revenir quand il sera au bout du jardin. Laissez courir le chien en liberté dans l'espace choisi puis accroupissez-vous en tapant dans les mains pour l'inviter au jeu. Prononcez en même temps son nom suivi de « viens ». Écartez les bras pour l'accueillir. Essayez de faire cela quand le chien n'est pas encore très loin.

Félicitez-le abondamment à son « retour ».

Renouvelez l'ordre quand le chien se trouve plus loin. Augmentez progressivement la distance de rappel entre lui et vous.

Prévenir les troubles du comportement

Quand et pourquoi consulter ?

Tous les troubles du comportement, même chez un animal très jeune, doivent entraîner une consultation

Pour l'équilibre du chien, il est important que le maître participe au dressage. (© Francais/Cogis)

rapide chez un vétérinaire. Lui seul sera habilité à diagnostiquer l'origine de ce trouble et à mettre en place, avec le maître, une thérapie. Dépressions, agressivité..., autant de signes alarmants ; or, vous ne devez rien laisser passer chez un chien comme le Rottweiler.

Les dépressions

Les dépressions du chiot sont malheureusement des affections toujours très graves. Le chiot est en plein « façonnage » et toute erreur de « construction » est fatale.

Le chiot est souvent très calme, ce qui pour les maîtres est une qualité. Mais il va rapidement se révéler insensible au monde extérieur, il ne regarde pas dans les yeux, fuit le contact visuel ou tactile. Le chiot ne supporte pas qu'on le prenne dans les bras, il hurle et il ne joue pas.

Il sera ensuite incapable de sortir dans la rue, il ne se déplace pas d'un centimètre.

Le chien adulte déprimé est complètement insensible à son environnement et incapable de réagir par lui-même.

Il existe plusieurs types de dépressions.

La dépression fait suite à un choc important ou à un stress ponctuel ou permanent. Cela peut être la conséquence de la perte d'un compagnon, d'un accident ou d'un changement important de l'environnement du chien. Le chien ne bouge plus, ne mange plus et peut gémir continuellement.

Le cas du chien qui perd un animal avec lequel il a vécu plusieurs années est très significatif. La consultation s'impose.

L'agressivité

Il peut exister une agressivité normale qui est un instinct de survie à l'état sauvage. Mais l'agressivité « utile » n'est pas nuisible à autrui et n'a pas pour seul but la rébellion contre des règles établies.

L'agression est un ensemble de comportements de menace et de passage à l'acte entre deux espèces différentes. Elle est souvent due à des relations de prédateur à proie, ce qui n'est pas le cas dans l'agressivité envers l'homme.

Elle peut aussi concerner les individus d'une même espèce pour la défense d'un territoire, d'une position hiérarchique, etc.

Quelle que soit la raison d'une agression, le chien présente souvent les mêmes attitudes : il a le poil hérissé, les babines retroussées, il grogne. Si le chien est sûr de lui, la queue est relevée ; s'il a peur, elle est baissée.

Le chien le plus dangereux est celui qui ne présentera pas ces signes avant l'attaque.

La morsure peut être un simple pincement souvent minimisé par les maîtres. De même, quand le chien mord puis lâche tout de suite, les maîtres considèrent cela moins grave que celui qui s'acharne. Il n'en est rien. Le chien qui pince a conscience de sa force et de sa position de dominant. Il se croit suffisamment fort pour s'autoriser à ne donner qu'un avertissement ; c'est en fait le plus dangereux de tous.

Les troubles du comportement alimentaire

L'animal qui ne s'alimente plus doit être vu. Une dépression peut entraîner un refus de manger, une anxiété. Il faut toujours rechercher en amont pour trouver l'origine d'un tel comportement.

• Ainsi, les origines de la boulimie peuvent être les mêmes que l'anorexie : dépression, anxiété. L'animal trouve alors une activité de substitution qui peut être de manger sans cesse.

• Parfois, l'animal mange des substances non alimentaires : papier, bois... Ce trouble apparaît en cas de phase avancée d'anxiété.

• Il arrive qu'un animal ingère ses crottes ou celles d'autres animaux. Il faut dans un premier temps s'assurer que le chien ne souffre pas de troubles de la digestion. Cette attitude fait souvent suite à des réprimandes importantes lorsque le chiot a fait ses besoins dans la maison. Il prend ensuite l'habitude de les faire disparaître en les mangeant car il a conscience de votre dégoût face à ses besoins. Un apprentissage correct de la propreté est fondamental pour éviter ce type de comportement.

Tout changement, même minime, du comportement de votre chien doit vous conduire à consulter car il peut s'aggraver très vite et le traitement n'en sera que plus long et difficile.

Comme tous les chiens, le Rottweiler peut manifester des symptômes d'anxiété malgré son apparence de « chien qui résiste à tout » (© Lanceau/Cogis)

L'anxiété de séparation

L'anxiété est une des bases de certains troubles et elle recouvre de nombreuses expressions. L'anxiété du chien n'est pas un mythe.

On peut déceler ce trouble chez le chiot. L'origine en est souvent une mauvaise socialisation. Dans quelles circonstances a-t-elle été mal réalisée ?

La perturbation de l'étape de socialisation peut être due à plusieurs facteurs.

• Le chiot peut avoir vécu dans de grands élevages dans lesquels il a été très peu manipulé.

• Les chiots peuvent être vendus assez tard et, dans ce cas, la phase de socialisation est dépassée.

• Les chiots orphelins élevés par une seule personne n'ont pas été mis en contact avec d'autres animaux.

• Certains chiots sont isolés dans les chenils pour cause de maladies.

Il est donc fondamental de demander et de vérifier que le chiot a bien été socialisé lors de l'achat (dans quelles conditions vit-il, a-t-il vu d'autres animaux, etc.).

Le syndrome de privation

Chez le chiot, il existe le syndrome de privation, le syndrome de séparation et l'énurésie du chiot.

C'est un des troubles du comportement le plus fréquent chez les chiots arrivant chez un nouveau maître. Le pourcentage de cette affection est beaucoup plus élevé chez les chiots élevés en chenil. Le syndrome de privation est d'ailleurs parfois nommé « la maladie du chenil ».

C'est essentiellement un trouble rencontré chez le chiot.

« Privation » signifie privation de stimulations. Les chiots ont été élevés dans un univers très pauvre en stimulations de la vie (bruits, lumière, sons, images visuelles...). Les chiens qui en sont atteints sont surtout des chiens élevés dans des conditions de stimulations peu riches, à la campagne par exemple, et qui, subitement, sont transférés dans un environnement très riche qui les déstabilise (la ville). Le citadin qui achète un chiot à la campagne est la « cible » idéale du maître confronté à ce trouble.

La venue chez le maître est pour le chiot un choc considérable et tout est source d'anxiété car inconnu. Il n'arrive pas à trouver l'attitude à adopter face à la situation nouvelle. Ses émotions sont trop fortes par rapport à la situation et l'incompréhension s'installe entre le maître et le chiot. En effet, la première manifestation est le refus du chiot de sortir avec son maître, ce qui est très mal ressenti par ce dernier.

Les premiers signes pathologiques apparaissent entre quatre et six mois. Le chiot manifeste un état de peur quasi permanent face aux bruits, aux images de son nouvel environnement car il n'y est pas habitué. On comprend alors l'importance de la phase durant laquelle le chiot doit être mis en contact avec de nombreuses stimulations.

Le chiot développe alors un comportement de peur permanente face à des situations ordinaires.

Le syndrome de séparation

Le chien est un animal social et la solitude n'est pas quelque chose de normal pour lui. Cette situation peut même devenir très perturbante si elle n'est pas acquise progressivement.

Lorsque le maître achète un chiot, c'est pour ce dernier une étape très difficile à vivre. Il est brusquement séparé de sa mère et des chiots de la portée. Le chiot va alors rechercher l'affection de son nouveau maître qui est tout disposé à la lui donner. Mais un juste milieu doit être trouvé entre le fait de rassurer le chiot et celui de le surprotéger.

Le maître doit savoir « repousser » le chiot, sinon il crée une dépendance affective nocive pour l'équilibre de ce dernier.

Le syndrome de séparation survient aussi fréquemment après une période de vie commune et un brusque changement. C'est par exemple le cas lorsque l'on fait l'acquisition d'un chiot pendant les périodes de vacances puis que le travail reprend.

Le syndrome de séparation s'exprime par un refus total de la solitude. Le chien hurle, gratte les portes sans pouvoir se contrôler. L'attitude des maîtres qui grondent le chien ne fait qu'envenimer la situation.

Le chien ne pouvant agir sur son environnement va développer rapidement un état d'anxiété qui va augmenter l'intensité des manifestations pathologiques : léchage, boulimie, automutilation.

On va ensuite passer au stade de la dépression. Le chiot devient indifférent à tout ce qui l'entoure. Le processus d'évolution est un peu le même que pour le syndrome de privation, bien que l'origine soit différente.

Il faut consulter dès les premiers signes car une thérapie peut être mise en place par votre vétérinaire.

Les manifestations de l'anxiété

On peut distinguer plusieurs manifestations de l'anxiété chez le chiot et chez l'adulte.

L'anxiété de séparation est une peur disproportionnée par rapport à la situation et qui n'a souvent aucun fondement. Le chien ressent une situation comme une agression, il ne peut pas réagir par la fuite. Il développe donc des attitudes d'anxiété.

Les réactions du chien anxieux sont classées selon deux types :

- l'*activité de substitution* dans laquelle le chien cherche à diminuer la tension résultant de son

anxiété et trouve des activités « calmantes » : léchage, alimentation, automutilation…
- l'*activité agressive* au cours de laquelle le chien devient agressif, il ne connaît plus l'inhibition de la morsure et ne prévient plus. Tous les rituels de l'intimidation avant l'agression ont disparu. C'est donc un animal dangereux car imprévisible. Ces comportements résultent d'un état d'anxiété. Il est très important de comprendre qu'un trouble du comportement peut avoir des origines différentes.

Déceler un chien anxieux

Il est fondamental de savoir déceler quand un chien est anxieux, car les manifestations de l'anxiété sont souvent évidentes, comme la morsure. Mais si l'on peut montrer que ce comportement cache une anxiété, la recherche de l'origine de l'anxiété peut être engagée et le traitement n'en sera que plus facile.

L'anxiété entraîne un ensemble de réactions physiologiques qui se traduisent par les symptômes suivants :
- le chien est en *tachycardie*. Cela signifie que son cœur bat très vite ;
- il peut être victime d'*entérite* à l'état chronique ou de gastrite qui se manifestent par des vomissements ;
- le chien se fait des *plaies de léchage*, il mange beaucoup.

Index

Achevé d'imprimer en juin 2000
à Sabadell (Barcelone), Espagne
sur les presses de Egedsa

Dépôt légal : juin 2000
Numéro d'éditeur : 6530